tudo é história

9

LEITURAS AFINS

Direitos Humanos E...
Comissão Justiça e Paz de São Paulo

O Grande Bazar
As revoltas de 1968
Daniel Cohn-Bendit

Nós Que Amávamos Tanto a Revolução
Daniel Cohn-Bendit

Para Mudar a Vida
Felicidade, liberdade e democracia
Agnes Heller

Coleção Primeiros Passos

O que é Poder
Gérard Lebrun

O que é Revolução
Florestan Fernandes

O que é Utopia
Teixeira Coelho

Olgaria C. F. Matos

PARIS 1968:
as barricadas do desejo

editora brasiliense

Copyright © by Olgária C. F. Matos
*Nenhuma parte desta publicação pode ser gravada,
armazenada em sistemas eletrônicos, fotocopiada,
reproduzida por meios mecânicos ou outros quaisquer
sem autorização prévia do editor.*

ISBN: 85-11-02009-8
Primeira edição, 1981
3.ª edição, 1989

1ª reimpressão, junho/1998

Revisão: *Flávio Cescon e Iraci Kishi*
Capa: *123 (antigo 27) Artistas Gráficos*

editora brasiliense s.a.

MATRIZ: Rua Atucuri, 318 – Tatuapé – São Paulo – SP
cep: 03411-000 – Fone/Fax: (011) 6942-0545
VENDAS/DEPÓSITO: Rua Mariano de Souza, 664 – Tatuapé – São Paulo – SP
cep: 03411-090 – Fones: (011) 293-5858 – 293-0357 – 6942-8170 – 6191-2585
Fax: (011 294-0765

ÍNDICE

Prefácio 7
Maio de 1968: poesia e revolução 12
Pour une planète plus bleue (slogan *do movimento*) .. 16
Introdução: uma internacional estudantil 20
Os antecedentes 39
A primavera do assalto ao céu 54
Conclusão: maio: revolta ou revolução? 81
Indicações para leitura 96
Bibliografia 98

PREFÁCIO

Acrescentamos à presente reedição três ensaios acerca do movimento estudantil, dos quais dois foram anteriormente publicados: "Maio de 68: poesia e revolução", no jornal *Diário Popular*, edição especial sobre o ano de 1968, de abril de 1986; e "Pour une planète plus bleue", na *Revista Lua Nova*, janeiro/março, 1987.

Para falar do 68 francês nada melhor do que lembrar primeiro o ano de 1986. O estudante que se rebelou contra a profissionalização do ensino e sua vinculação a agências financiadoras privadas, com a intrusão do lucro na esfera da educação e da cultura, não reivindicou para si nenhuma tradição e, sobretudo, procurou, edipianamente, diferenciar-se de 68. Mas afinidades há, em que pesem as diferenças de espaço, de tempo e de imaginário, semelhanças essenciais a começar pela impossibilidade de enquadramento em análises sociológicas, políticas ou filosóficas no estilo tradicional.

Em 1986, adolescentes põem por terra a Lei Duvaquet bem como as de Chirac, com seu racismo oficial; quanto ao Maio de 68, teve como primeiros protagonistas não a classe operária, mas jovens da classe média. Estes movimentos colocam no cenário da história uma Comuna de Paris não proletária, mas estudantil, que subitamente paralisou o Estado: são os "filhos da burguesia" os agentes históricos que criam um movimento de "recreação" fora dos quadros políticos tradicionais. Maio de 68 continua rebelde à interpretação, pois revela a incongruência das teorias e das doutrinas que procuravam dar conta da sociedade. A sociologia oficial — questionários e pesquisas quantificadoras — cai no descrédito por duas razões; não viu os acontecimentos: o Maio foi insignificante porque não tinha escopo político definido, não lutou pelo poder ou contra ele. E não previu, isto é, não forneceu elementos que possibilitassem o controle da situação pela superestrutura política.

Em ambos os casos, o movimento francês foi metacartesiano e metamarxista. Metacartesiano: fora do quadro das idéias claras e distintas, das evidências que catalogam, classificam e tipificam as idéias para pensá-las em um conjunto não contraditório; metamarxista: apesar do jargão do movimento se valer de proposições de Marx, sua mensagem real não aceitava mais a noção de teoria e revolução dela provenientes. Na encruzilhada do acaso e da necessidade, das circunstâncias que levaram à contestação da sociedade e do poder, o movimento de Maio nasceu da surpresa e viveu dela, da impossibilidade de ser circunscrito pelo poder às categorias políticas, sociais e culturais conhecidas, que tentavam esgarçá-lo. Teoria marxista e revolução social entram em estado de decomposição: "Assim como o mito da URSS destruiu-se a si mesmo

Paris 1968: As Barricadas do Desejo

graças a Nikita Kruschev em 1956, o mito da China se autodestruiu de 71 a 78 graças a Mao Tsé Tung, Lin Piao, ao bando dos quatro (...); o mito do comunismo cambodjano se autodestruiu com Pol Pot (76-78), o mito do Vietnã liberador se autodestruiu com os *boat people* (76) e a ocupação do Cambodja (78); mesmo Cuba, o miniparaíso tropical, transforma-se em inferno portátil. A decomposição da salvação terrestre arrasta o colapso do marxismo" (Edgar Morin in *La Brèche suivi de Vingt Ans Après*, Complexe, 1988).

Quando, em agosto de 68, Geismar, um dos protagonistas de maio, vai a Cuba, Fidel Castro não menciona a paralisação da sociedade francesa, o movimento dos jovens estudantes e operários, os dez milhões de trabalhadores em greve. Em contrapartida, elogia a invasão soviética à Tchecoslováquia. Só um partido comunista no poder, como no Cambodja, pode matar mais comunistas do que Pinochet ou os militares argentinos. 68 determinou, portanto, uma transformação das idéias sobre teoria e revolução. Por teoria concebia-se um corpo mais ou menos homogêneo de interpretação da sociedade, do mundo, da política, como a de Marx, Reich ou Marcuse. Hoje, a teoria perdeu essa função de vanguarda. Quanto à idéia de revolução, o mais paradoxal não é a derrubada sensacionalista do poder instituído e da "violência legal", violência institucional que Walter Benjamin, em seu ensaio "Para uma Crítica da Violência", demonstra ter a vantagem, em relação à contraviolência, de parecer "natural", de não ser percebida à primeira vista como violência.

Em maio, a idéia de revolução se manifesta de maneira original: "toda revolução tem o seguinte de singular, de paradoxal: ela mobiliza as paixões a ponto de fazer a alguns perder — qualquer que seja seu campo — o sentido da distinção do real e do imaginário, do possível e do impossível, e, por outro lado, libera, mesmo naqueles que pouco antes não duvidavam de suas prerrogativas, mas sobretudo naqueles que estavam habituados a submeter-se e calar-se, a vontade de se afirmarem e de estabelecer uma ruptura entre o verdadeiro e o mentiroso" (Lefort, *Mai 68 — La Brèche*, p. 203).

Uma nova concepção da revolução e da democracia se afirma na nova concepção do *direito*. O direito não é mais aquilo que se institui à luz mortiça dos corredores dos parlamentos, mas se afirma na rua, a céu aberto, não só como exigência do cumprimento dos direitos, mas da instituição de novos. Uma reconcepção também da política, que se libera de seu platonismo inconsciente e amplia a noção de direito. Tanto em 68 quanto em 86 "observamos sempre uma formidável liberação da palavra, a proliferação de panfletos, discursos-relâmpagos, pregações, *slogans* e, simultaneamente, o advento ou o alargamento súbito de um espaço público, no qual se encontram e dialogam intensamente homens que na véspera se ignoravam, seja porque de fato eram estranhos uns aos outros, seja porque sua convivência em um mesmo local de trabalho ou de vida os deixasse antes indiferentes" (Lefort, *op. cit.*, p. 204).

A imaginação criadora é a invenção de prazeres e de conhecimento. 68 e 86 se unem e se distinguem: "a confiança dos estudantes de 68 centrava-se preferencialmente na mudança das condições exteriores do que na das pessoas. Há, hoje, maior sensibilidade em relação à vulnerabilidade do ser humano (...). A radicalidade com respeito às estruturas objetivas é hoje menor. Mas esta geração (a de 86) tem uma sensibilidade diferente com relação aos perigos da expropriação. Não apenas a propriedade e os produtos podem ser expropriados. Há também expropriações que afetam os sentidos (...). É preciso ampliar e renovar o espaço público com o exercício diário e cotidiano dos direitos políticos e das liberdades. Quem quer que delegue o mantenimento de sua liberdade ao Estado, na figura de seus mandatários, das grandes instituições e das poderosas organizações, cairá vítima de uma ilusão fatal: acreditará que existe democracia sem democratas" (Oskar Negt, "Mais Radicais que os Estudantes de 68", *in* Revista *Debats*, Espanha, p. 145). Com a transformação da noção de teoria e de revolução, modificou-se também a de utopia. As utopias estudantis hoje não são projetos teóricos, transcendem o âmbito universitário, ampliam o sentido do espaço público e alargam as fronteiras do possível.

MAIO DE 1968:
POESIA E REVOLUÇÃO

> "Se as emoções subjacentes ao totalitarismo
> são o medo e a destrutividade, Eros pertence à
> Democracia."
>
> (Marcuse)

Fm que pese a singularidade dos movimentos de massa ocorridos em 1968 nos diversos países, uma nova Internacional viveu em meio à recusa mais ou menos implícita da política tradicional.

Na França, a Primavera de Maio tomou cores inéditas, invertendo a prática do marxismo bem como sua teoria. Se em Marx a relação entre o homem e a sociedade é central, o marxismo-leninismo se afirma enquanto coincidência entre indivíduo e partido: o indivíduo só o é enquanto "consciência de classe". A vanguarda *interna* ao proletariado só existe enquanto parte do partido.

De fato, o Maio francês significará uma crítica radical à fusão do indivíduo na totalidade, quer seja esta entendida como partido ou Estado. O indivíduo, assim

Paris 1968: As Barricadas do Desejo

privado de sua autonomia e da consciência de seus fins — premissas que podem ter sido heróicas no marxismo-leninismo — com Stalin se evangeliza: a vanguarda externa se converte em vanguarda de Estado, realizando-se a perversa "estatificação do indivíduo". De onde a luta contra o "individualismo pequeno-burguês", a negação dos direitos individuais e a ética da abnegação e do sacrifício.

Em 1968 — essa "segunda Revolução Francesa" — constitui-se um princípio de realidade outro, diferente do industrial-produtivista, no qual o poder tanático do capital impõe formas determinadas de pensar e de agir. Em 68, o próprio movimento de jovens operários e estudantes praticou a espontaneidade consciente e criadora. Não se considerou o sistema de partidos ou grupos de pressão a qualquer nível; não se participou nem do sistema nem de seus métodos. Desde o início o movimento não tem dirigentes, nem hierarquia, nem disciplina partidária ou outra; ele contesta os profissionais da contestação, viola as regras do jogo que as oposições dominam. O movimento de 68 põe por terra o bolchevismo imaginário do Palácio de Inverno: esse não foi uma luta *pelo* poder ou *contra* ele; afirmaram-se, ao contrário, os direitos da subjetividade e da espontaneidade consciente. Com a crítica ao mundo burocratizado e desencantado, colocou como lema a verdade triunfante do desejo.

Este se desvenda em comportamentos alternativos, técnicas de comunicação, na fundação de códigos não petrificados em normas dadas: contra a reprodutividade técnica da informação que caracteriza a sociedade moderna, na qual os produtos da indústria cultural chegam estandartizados, se delineia uma "cultura da irreprodutibilidade". Massimo Canevacci[1] diz que a assembléia foi uma

(1) In "Irriproducibilità e movimento", rev.

de suas formas. Se é verdade que o Maio de 68 não descobriu a assembléia enquanto tal, ele foi a afirmação de um novo tipo de assembléia que rompe com o cerco paralisante de uma reprodutibilidade que petrifica a experiência; e, por outro lado, afirmou a difusão de um nível de comunicação que, através da irreprodutibilidade, atrai para a participação direta segmentos sociais e indivíduos singulares, tradicionalmente exauridos pela televisão e pelos jornais. A assembléia é irreprodutível: sua *aura*, a sedução que exerce *hic et nunc* vem do fato de desconhecer hierarquias ocultas ou manifestas; não codifica quem fala e quem ouve; quem é avulso e quem é "organizado", moções prontas e quem as deve votar. A assembléia se opôs ao congresso, forma tradicional e plasmada da política.

Além disso, a resposta à atuação da polícia ou às intimidações do poder se faz improvisadamente, afirmando-se a dimensão lúdica do movimento: nas ocupações de fábrica ou nas manifestações de rua, desfaz-se a seriedade militante, liberando-se fluxos polimorfos de energias criativas, antes enclausuradas na diversidade dos sujeitos sociais. É o momento em que a luta política coincide com um estado de alegria e de exuberância; felicidade é sinônimo de luta: "A representação tradicional do militante, ensimesmado, impregnado pela revolução, é substituída por uma imagem operária que quer afirmar o próprio direito à existência com toda sua carga vital".[2]

Multiplicam-se panfletos, faixas: estas são as mais significativas do movimento. Palavras miúdas, onduladas pelo vento, "parecem velas de uma nave que parte para descobrir mundos maravilhosos e desconhecidos".[3] O canto, o riso, as corridas, os abraços, os beijos, bater palmas,

(2) Giorni Cantuti, nº 2, *La casa*, Firenze, 1982.
(3) *Op. cit.*

olhar-se — essa empatia recíproca — se fundem em uma energia libidinal de novo tipo. Nestas manifestações se exprimiram antecipações da felicidade a ser concretizada imediatamente: "tudo, já", foi um dos lemas do movimento. Sublimação não-repressiva, cidadania ao princípio de prazer. Necessidades instintuais e razão se reconciliam, eliminando a punição da sensualidade ou da reflexão.

Princípio de vida, eros, felicidade sensual e instintiva: 68 foi uma luta para a vida. Na madrugada do dia 11 de maio, após o combate nas barricadas de Paris, não havia mortos a resgatar: "assim como se acreditou que no final do enfrentamento haveria um vencedor e um vencido, também passou despercebido que a luta não era para a morte mas, se assim se pode dizer, para a vida, e que conseqüentemente as perdas e os ganhos não se mediam em termos de morte mas de vida". [4]

68 significou uma ruptura radical na política daqueles que estão no poder e daqueles que aspiram alcançá-lo; neste sentido, pode-se sublinhar que a *política* não foi o solo deste movimento. Indivíduos que se unem, como diz La Boetie, por amizade e não por cumplicidade, unem-se sem *poder*: "se a lembrança das coisas do passado pudesse tornar-se uma força motriz na luta para mudar o mundo, esta luta serviria a uma revolução que foi reprimida nas revoluções históricas acontecidas até o presente". [5]

---

(4) Baynac, in *Revue Libre*, n.º 3.
(5) Marcuse, *La Dimension Esthétique*, Mimit.

POUR UNE PLANÈTE PLUS BLEUE
(*slogan* do movimento)

O movimento estudantil de 1968 inscreveu-se no horizonte das esperanças revolucionárias, embora se exercesse fora do campo do marxismo militante e de suas estratégias de poder. Viveu em meio à recusa mais ou menos implícita da política tradicional. O Maio de 68 significou entre outras, uma crítica radical à fusão do indivíduo na totalidade, quer seja esta entendida como partido ou Estado. Em 1968, o próprio movimento de jovens estudantes e operários praticou a espontaneidade consciente e criadora. Não se considerou o sistema de partidos ou grupos de pressão a qualquer nível; não se participou nem do sistema nem de seus métodos. Desde o início o movimento não teve dirigentes, hierarquia, disciplina partidária ou outra qualquer; contestou os profissionais da contestação, violando as regras do jogo que as oposições dominam. O movimento de 68 pôs por terra o bolchevismo imaginário do Palácio de Inverno: não foi uma luta pelo poder ou

Paris 1968: As Barricadas do Desejo

contra ele. Com a crítica ao mundo burocratizado e desencantado colocou como lema a verdade triunfante do desejo: "soyons réalistes, demandons l'impossible".

Diante das novas manifestações de dezembro, coloca-se a questão de saber por que os dilaceramentos mais dolorosos na sociedade francesa — exceção feita à descolonização — sempre se iniciaram nos conflitos acerca da escolaridade. Segundo Jean-Claude Milner, a questão do Saber é uma engrenagem essencial ao funcionamento da democracia na França, em particular a cultura histórica: "se as liberdades (as de 1789) ainda encontram cidadania na França, é porque seus princípios foram transmitidos, ensinados". Deste ponto de vista, a crise de dezembro, ao erguer-se contra a profissionalização do ensino, na forma da modernização, da "elitização" etc., questionava a concepção de *direito* vigente na sociedade. Os estudantes secundaristas e universitários não estavam procurando inventar um mundo ou uma política nova. Simplesmente se perguntavam como se poderia tornar o mundo mais vivível, menos insensato. Ao mesmo tempo em que se reage contra a lei Duvaquet — na recusa de que as leis do mercado se apliquem ao aparelho educacional, outros projetos são abatidos pelo movimento: a reforma no código da nacionalidade, a instalação de prisões privadas, a penalização no consumo de drogas. Sobretudo a questão do racismo se evidencia com a morte do estudante Malik Ouissekine, vítima da violência policial. Também não faltaram cartazes contra Chernobyl.

Por outro lado, a crise quase que permanente nos últimos vinte anos na Universidade é sintoma de uma profunda ruptura entre a aquisição de conhecimentos tanto universitários quanto profissionais e a utilidade social dos indivíduos. Pois, na verdade, como poderia a universidade preparar eficazmente indivíduos para uma profissão quando é conhecido o fato de que esta será rapidamente ultrapassada pela vertiginosa transformação das tecnologias e a obsolescência do modo de produção pós-industrial?

A geração de 1986 viveu seu 68 sem barricadas, sem messianismo, sem utopias revolucionárias. Com ela assistimos à emergência de uma "cultura antiestatal". A condição de cidadão, esvaziando-se de conteúdo, fez com que a juventude procurasse recriar outros laços sociais, outras razões para se estar junto, outros signos de reconhecimento. O jornal *Libération* caracterizou o movimento de dezembro como *método*, não como programa: nem violência, nem política, mas uma nova concepção do *direito* e da vida. Por democracia não se aceita mais sua forma parlamentar, que se consolida por representantes eleitos. O direito, de agora em diante, se realiza nas *ruas*. O direito se manifestou na forma do direito ao saber, na medida em que. os direitos em seu conjunto são garantidos por uma configuração histórica à qual se tem acesso pelo saber. Trata-se, neste quadro, das relações entre o saber e uma vida decente. Desde o início o movimento foi pacífico e generoso. Sua forma de mobilização natural lembrava os SOS racismo ou o *"ne touche pas à mon pote"*.

Se em 68 encontrava-se uma crítica global à sociedade com seu cortejo de esperanças e ilusões, o movimento de 86 aceita a sociedade existente — de onde sua reivindicação de apoliticismo. Se em 68 se pode encontrar o desencanto com a racionalidade dos direitos do homem, tendo desmoronado a tênue universalidade conferida ao indivíduo nos moldes da liberdade, igualdade, fraternidade à luz do fenômeno totalitário, 86 inova: "depois da última guerra — mas sobretudo depois das revoltas de 68 — as liberdades e os direitos fundamentais são progressivamente assimilados a valores que escapam às legislações.

Critérios 'morais' substituem pouco a pouco os preceitos legais. O 'direito' à diferença ou à dissidência, uma concepção do primado dos 'direitos do homem' acima de toda razão de Estado ou norma constitucional, a exaltação das 'identidades culturais' colocam em má situação a função quase sacerdotal da ciência jurídica e de seus praticantes. A lei é agora considerada como uma norma entre outras na organização da sociedade. O 'à margem da lei' não é mais um sacrilégio" (Carlos de Sá Rêgo, *Une Nostalgie de Grandeur: Essai sur la France Etat-Nation*, Ramsay, Paris, 1985, p. 164-165).

Se o movimento de 1968 tomou as formas do "movimento vermelho e azul" — alusão às cores do marxismo revolucionário e do romantismo, hoje o vermelho se eclipsa pela predominância do azul: "o azul é uma energia (...) e em sua pureza suprema constitui (...) uma linda mônada. Seu efeito é uma mescla de excitação e serenidade" (Goethe). Se o homem necessitou sair da órbita terrestre para ver a terra azul, o movimento de juventude estudantil hoje sai do universo preto e branco do mundo político. O azul, no Romantismo, domina a visão do sonhador, do poeta, daqueles capazes de ver antes de mais nada o azul; são aqueles que "em tudo se opõem aos homens comuns, de olhar descorado e entregues à experiência imediata" (Roberto Romano, *O Conservadorismo Romântico*, São Paulo, Brasiliense, 1981, p. 143). Talvez esteja nascendo uma cultura poética, cultura que reaviva a "beleza dos astros, da primavera, do amor, da felicidade, da fecundidade, da saúde e da alegria". O direito que se afirma na *rua*, a céu aberto, recusa a luz mortiça dos corredores dos parlamentos. Ele poderá estar reencantando o mundo após um longo processo de dessacralização.

INTRODUÇÃO: UMA INTERNACIONAL ESTUDANTIL

> "A felicidade é o poder estudantil."
> (Grafite da Universidade de Berkeley)

Os acontecimentos de Maio de 1968 surpreenderam uma sociedade que se acreditava ao abrigo das convulsões revolucionárias. Apesar de um certo grau de desemprego, a economia francesa não se encontra em uma situação de crise em 1968 e participa da completa realização do Mercado Comum industrial em condições que estão longe de serem catastróficas. Se é verdade que milhares de estudantes e trabalhadores se encontram diante de graves problemas de emprego, estes se devem antes de mais nada a uma má adaptação social de sua formação profissional; não seria, porém, justo dizer que a universidade francesa sofria por não se encontrar o suficientemente adaptada à economia moderna — e, em particular, as faculdades de Letras no interior das quais se iniciou a revolta estudantil,

Paris 1968: As Barricadas do Desejo

por desenvolver ainda um ensino de tradição humanista que não acompanhava a "mutação tecnoburocrática" global. Segundo Lefort, os estudantes percebem que a formação técnica que lhes é oferecida só permitirá a um número reduzido alcançar funções de responsabilidade que requeiram *iniciativa*, que a maior parte dos postos que disputarão pedem uma qualificação muito inferior àquela que recebem na Universidade, e, finalmente, que muitos não escaparão ao desemprego. É claro que estas ameaças não são suficientes para desencadear uma mentalidade revolucionária: "mas, diz Lefort, a revolução mobiliza sempre aqueles que vêem arruinadas suas esperanças". Apesar deste mal-estar difuso no meio estudantil, a sociedade francesa não atravessa nenhuma crise econômica, política ou militar de fundo. Aqueles que em Maio de 1968 se sublevaram estavam recusando muito mais uma certa forma de existência social do que a impossibilidade material de subsistir nesta sociedade: "contrariamente a todas as revoluções passadas, diz Jacques Baynac, Maio de 1968 não foi provocado pela penúria, mas pela abundância". E os acontecimentos de Maio revelarão, em alguns dias, as razões — antes desconhecidas pelos estudantes — que os levam a se oporem ao Poder: "Depois de terem sonhado tornar-se quadros úteis e responsáveis, observa Lefort, sentem-se subitamente ao lado daqueles que pretendem dirigir; é então qualquer forma de enquadramento que lhes parece derrisória e odiosa, e são eles os mais enfáticos a defender no interior da Universidade reivindicações que, eles sabem, colocam o regime em perigo".

O desejo revolucionário será muito mais marcante do que a situação revolucionária. Talvez por isso o movimento foi mais capaz de contestar do que vencer, de imaginar do que transformar, de se exprimir do que se organizar. Daí a surpresa diante daquilo que se passou em Paris em maio-junho de 1968: Levante? Revolta? Revolução?

Costuma-se dizer que os jovens são "mimados", isto é, que a sociedade os corrompe; e, também, que a contestação das convenções e valores de sua sociedade é uma constante em todos os tempos e em todos os países. Haveria, pois, uma rejeição tradicional, em cada geração, das tradições que a precederam.

O Maio de 1968 não pode ser compreendido em um tal grau de generalidade, pois perder-se-ia sua atualidade e sua originalidade. Além disso, seria esquecer que o Maio parisiense não foi um fenômeno isolado. Mais ou menos violento, mais ou menos organizado, mais ou menos reprimido, mais ou menos libertário, é o mesmo Movimento que acontece em Varsóvia, Berkeley ou Paris. E subsiste a interrogação: por que uma multidão, diversa segundo cada país, se torna explosiva simultaneamente? Questão tanto mais pertinente quanto não há nenhum centro de direção clandestino orquestrando unificadamente a agitação. Há simultaneidade, mas não coordenação.

Uma nova Internacional viveu em 1968, uma Internacional Estudantil em nada semelhante à *jeunesse dorée* da rica burguesia que no Termidor da Revolução Francesa participou ativamente do movimento de reação contra o Terror. Novidade do movimento: ele revelou, diz Marcuse, uma juventude que teria aprendido a não mais se identificar com estes "pais fictícios" pelos quais de maneira alternada foram construídos, tolerados e em seguida esquecidos todos os Campos de Concentração da história e todos os Vietnãs, todas as câmaras de tortura das inquisições regulares, "todos os guetos, todos os monumentos erguidos em culto aos monopólios; os jovens teriam aprendido a não mais idolatrar em tudo isto a expressão de uma civilização superior".

Maio de 68 não foi tampouco a repetição monótona

Paris 1968: As Barricadas do Desejo

de um conflito de gerações: ele atingiu um ponto de irreversibilidade, pois buscou as razões que fizeram da história da humanidade a história apenas da dominação e da servidão. E mais, ninguém pode reivindicar para si este Movimento: ele é amplamente espontâneo e os "grupúsculos" nele imersos, trotskistas, maoístas, guevaristas ou anarquistas, não desempenham a não ser um tênue papel nas manifestações de massa. As imagens que nos ficaram da Primavera de Maio, greves nas escolas, distribuição de panfletos, proclamações, assembléias, passeatas silenciosas ou turbulentas, ocupação de auditórios ou de salas de aula, queima de jornais, testemunham agrupamentos mais entusiastas que "temperados na luta". Estes novos *enragés* não recuam diante da violência e àquela que lhes é feita respondem pela violência: "Se nossa situação nos arrasta para a violência, diz um panfleto, é que a sociedade inteira nos violenta" (...). Evidentemente um carro que queima é violência — sobretudo quando a testemunha deste espetáculo considera seu próprio carro como uma parte de si mesmo (exemplo típico do bem de consumo utilizado como meio de escravização).

A rebelião estudantil tem quase sempre o mesmo ponto de partida: uma passeata que desfila pela universidade ou pelas ruas por razões estritamente universitárias e esbarra com a polícia. Os enfrentamentos que se produzem são mais ou menos violentos, dependendo da utilização do arsenal que as forças repressivas têm à sua disposição, desde o cassetete até gás lacrimogêneo, tanques, bazucas, armas de fogo etc. Segundo o país, a amplitude e profundidade da revolta, a polícia mobiliza suas armas.

É a partir deste instante que a manifestação estudantil abandona o plano universitário para passar ao plano político. Neste contexto, a ocupação das universidades não significa apenas um refúgio: as universidades desfrutaram por vezes de uma espécie de privilégio de extraterritorialidade, na medida em que a polícia não pode nela penetrar por sua própria conta. Mais ainda: a universidade ocupada tem para os estudantes a mesma função que as "bolsas de trabalho" para os sindicalistas revolucionários do início do século; ela é um lugar de reunião, de discussão e Símbolo. A Sorbonne, em Paris de 1968, antes da ocupação é o símbolo por excelência da cultura francesa e do ensino conservador; é este símbolo que é apropriado e transformado em centro geométrico do Movimento. Por esta razão, quando, no início do mês de julho, ela foi tomada pela polícia, todos compreenderam que uma fase do movimento se encerrava. Mas durante toda a "quente primavera" os acontecimentos se sucedem. As reivindicações acadêmicas passam ao plano político. Os estudantes reclamam a libertação dos manifestantes aprisionados, a punição dos responsáveis pela repressão e por fim a mudança das estruturas políticas.

Os estudantes franceses, os de Berlim ou de Berkeley entraram em conflito contra os aparelhos de integração, manipulação e agressão. Estas palavras exprimem melhor o início do movimento do que o termo *exploração*. O conflito começou sendo cultural e político, antes de ser econômico. Não é por acaso que a Ciência é questionada, tal como se lê em um panfleto distribuído em Paris em maio de 1968: "Recusemos também a divisão da *ciência* e da *ideologia*, a mais perniciosa de todas, posto que é secretada por nós mesmos. Não queremos mais ser governados passivamente pelas leis da *ciência* como também pelas da economia ou os *imperativos* da técnica. Recusemos o imperialismo mistificante da ciência, caução de todos os abusos e recuos (...) para substituí-la pela escolha real entre os possíveis que ela nos oferece". Quer dizer: para que a ciência e a técnica sejam liberadoras, é preciso que se modifiquem sua orientação e seus objetivos atuais de produção dos meios de destruição sociais. O Maio francês pôs por terra a crença na idéia do progresso: "nosso modernismo não passa de uma modernização da polícia" (grafite).

A modernidade tecnológica recobriu o puro interesse de classe que opera na mercadoria: "será ainda necessário explicar, diz Marcuse, que não são a tecnologia, a técnica, a máquina que exercem a dominação, mas somente a presença, nas máquinas, da autoridade dos senhores que determinam seu número, a duração da existência, o poder e a significação na vida dos homens e decidem da necessidade que se tem delas?" É o interesse de classe e a lógica do lucro que regem a produção social. Daí o sentido demolidor do grafite da Sorbonne: "A mercadoria, nós a queimaremos".

Se a Ciência e a técnica estão a serviço da mercadoria, o Saber está a serviço do Poder. Diz um panfleto de Berkeley: "devemos ver para que serve a *antropologia*. Historicamente, sempre serviu para intervir na vida dos outros povos. Os pioneiros ingleses da antropologia estudavam as tribos africanas para indicar aos governos coloniais quais as instituições que era preciso destruir ou conservar para colocá-las a serviço do poder colonial. O mesmo acontece hoje: o governo dos Estados Unidos publicou estudos importantes sobre quase todos os países pobres. Assim, os americanos, como os ingleses antes deles, sabem com precisão o que devem destruir para suprimir a cultura de um país e abri-lo para seu próprio comércio.

"Meu professor de antropologia era um cara 'legal': ele era barbudo, se drogava e era até contra a guerra. Hoje ele está no Alaska. O governo americano quer deslocar 10 mil esquimós para que a Força Aérea Americana possa instalar uma base de mísseis e um novo radar. Meu professor aconselha o governo com relação à região onde convém recolocar a população."

"Chega-se a pensar que se os Estados Unidos tivessem tido antropólogos para 'lidar' com os índios no século XIX, certamente não teriam precisado do exército."

Um outro manifesto acusa a cumplicidade da Ciência, da Universidade e da pesquisa militar: "Cinco dos 22 administradores da Universidade de Columbia representam as indústrias de guerra. *Lockheed Aircraft* (*Burden*, diretor) e *General Dynamics* (*Moore*, diretor) recebem juntos 10% (3,6 milhões de dólares) dos contratos militares nacionais". Estas duas sociedades produzem aviões utilizados no Vietnã e vivem, pois, da guerra.

"Como presidente do conselho de administração do *Instituto para as Análises de Defesa* (*Institute for Defense Analyses*), *Burden* gere um orçamento de 15 milhões de dólares para o Pentágono. O IDA é um instituto universitário de pesquisa sobre o armamento avançado e as técnicas antiinsurrecionais, é uma 'fábrica de idéias' do Departamento de Defesa americano. Doze grandes universidades, dentre as quais a de Colúmbia, são membros deste instituto de pesquisa militar e lhe conferem uma fachada acadêmica respeitável."

"*Dunning*, conselheiro do Departamento de Defesa e *expert* em armamento atômico, dirige três empresas privadas que dependem de contratos militares. A *City Investing Corp.*, por exemplo, depende da *Lockheed Aircraft* (da qual *Burden* é o diretor) e produz desfolhantes para a guerra química."

Os EUA vivem em 68 uma contestação estudantil que, por seus métodos, sua progressiva radicalização, suas origens, se aproxima da França e também da Alemanha: recusa da guerra colonial — no caso dos EUA, a guerra do Vietnã — e organização da deserção e da desobediência civil, recusa da sociedade de consumo, Utopia. Basta lembrar, neste caso, o movimento *hippie* que não conta entre seus porta-vozes nenhuma personalidade política, mas sim poetas e escritores, como Ginsberg. A arte vem tomar o lugar da política: a juventude não conformista pratica a inversão das significações habituais — o *flower power*, que lança flores contra a polícia armada. Uma citação do movimento *hippie* se faz notar na Sorbonne ocupada pelos estudantes, antes que os policiais a retomassem: militantes do "Comitê Revolucionário de Ação Cultural" distribuíram flores aos C. R. S. (Corps Républicain de Securité), antes de serem alvejados por granadas de gás lacrimogêneo. Neste gesto se inscreve a contestação absoluta do sentido da palavra "Poder"; ele reivindica uma outra cultura que não se confunde com os quadros violentos de autoridade e introduz um elemento estético na contestação. Esta se encontra ainda no caráter ao mesmo tempo erótico e belicoso das canções de protesto, na sensualidade dos cabelos longos e dos corpos que se recusam a uma assepsia artificial. Em Paris um grafite: "Limpeza = Repressão". A moralidade estética passa a ser o perfeito contraponto do puritanismo: "ela não pretende impor, nota Marcuse, uma ducha ou banho cotidiano a pessoas que, entre outras técnicas de limpeza, praticam o massacre, a tortura sistemática e o envenenamento; não lhe parece tampouco essencial ver vestirem-se com limpeza certas pessoas cuja profissão constrange às mãos sujas. Pelo contrário, ela reclama com insistência que se desembarace a terra dos lixos bem materiais que o espírito do capitalismo engendrou e, na mesma ocasião, deste próprio espírito. Quanto à luta dos negros americanos contra a discriminação racial, esta funciona tal como a guerra do Vietnã, quer dizer, como a marca da falência de uma concepção americana de vida e como necessidade urgente de recusá-la em bloco. Que se pense na onda de protestos estudantis que foram suscitados pelo assassinato do líder pacifista negro Martin Luther King.

Foram ainda os estudantes de Berkeley que, na vanguarda do movimento estudantil americano, deram um exemplo extraordinário da solidariedade da Internacional Estudantil, protestando contra a brutalidade da repressão das manifestações estudantis em Paris, por duas noites, nas ruas de Berkeley e construindo barricadas. Como pela primeira vez os policiais utilizassem bombas de gás lacrimogêneo contra os estudantes, estes responderam também com violência, jogando paralelepípedos e coquetéis Molotov dos telhados dos edifícios vizinhos. Noam Chomsky observa que o movimento estudantil americano foi mais acapitalista do que anticapitalista. Porém, a matriz comum com o Maio francês se dá na mesma ânsia de liberação, pessoal e individual, das estruturas do sistema, apesar de não enfrentarem a questão da mudança social.

Já na Alemanha, é em Berlim Ocidental que se desenvolveu e progressivamente foi-se endurecendo o movimento de extrema-esquerda dos estudantes, para em seguida se espalhar pelas outras universidades alemãs. Berlim Ocidental, exibição do capitalismo, cravada na Europa socialista, pilar do anticomunismo e da guerra fria (arma de ponta dos países capitalistas para isolar a URSS de sua influência no mundo depois da Segunda Guerra Mundial), foi o palco de profundas rebeliões. O SDS — *Sozialistische Deutschen Studentenbund* (Federação dos Estudantes Socialistas) constituía "a única força socialista intacta na República Federal Alemã". Com efeito, a integração progressiva do Partido Social-Democrata (SPD) e da maior parte dos sindicatos no sistema, a proibição do Partido Comunista e a despolitização da classe operária no curso do "milagre econômico" do pós-guerra fizeram do

SDS o único núcleo de contestação da sociedade capitalista avançada, caracterizada pela Alemanha restaurada. Mas o "milagre econômico" que havia dissimulado as contradições desta sociedade vai dar lugar a uma recessão: o fim da guerra fria e a doutrina da coexistência pacífica com os países socialistas fariam aparecer as primeiras fissuras políticas e econômicas. Berlim não passa de uma "vitrina fora de moda" do mundo "livre" e só sobrevive graças às subvenções do governo federal. A Berlim pósmilagre e sua "Universidade Livre" foram o quadro de uma rápida politização e contestação estudantil. A "Universidade Livre" fora fundada em 1949, com a emigração de professores e estudantes de Berlim Oriental; ela deveria representar, no espírito de seus fundadores, uma recusa do ensino autoritário que caracterizava a situação da Universidade, primeiramente durante o nazismo e em seguida sob o stalinismo, quando a Universidade Humboldt se encontrou na zona comunista com a divisão de Berlim.

Esta universidade liberal, intimamente ligada à cidade "livre", era um instrumento de propaganda a serviço do "mundo livre". O grande líder do 68 alemão, Rudi Dutschke, era um refugiado da Alemanha Oriental. A proximidade do regime stalinista, por um lado, e a saturação da civilização e da propaganda americana facilitariam aos estudantes a recusa, ao mesmo tempo, do *american way of life* e do stalinismo autoritário. A luta se desenvolve, então, em duas frentes: internacional e interna, uma contra o imperialismo americano no Vietnã e no Irã e a outra contra "grupos" internos de imprensa, como o *Springer*, pioneiro da propaganda anticomunista.

O SDS cada vez mais se ocupava de política internacional e seus dirigentes se punham em contato com os movimentos estudantis no estrangeiro, o que culmina com a organização de um congresso internacional sobre o Vietnã. A maior presença é a de 400 delegados da UNEF (União Nacional dos Estudantes Franceses). O congresso termina com uma manifestação de massa onde ondulam as bandeiras vermelhas, cartazes de revolucionários míticos como Lênin, Rosa Luxemburgo, Guevara. O Senado de Berlim, para fazer frente à agitação estudantil, pede a ajuda dos jornais do grupo *Springer*, desencadeando uma violenta campanha antiestudantil e organizando uma manifestação de apoio à política imperialista norte-americana. A imprensa ataca violentamente a Rudi Dutschke, cognominado "o Vermelho".

Em meados de abril de 68, Rudi Dutschke é vítima de um atentado e verdadeiros motins explodem em toda a Alemanha contra o grupo *Springer*, apontado como o responsável pela violência. Em Essen, Frankfurt, Colônia, Munique, Stuttgart, violentas manifestações impedem a difusão dos jornais do grupo *Springer*. Nos dias que se seguem, milhares de estudantes se manifestam em favor de Rudi Dutschke em Londres, Roma, Florença e Paris.

É importante lembrar que a rebelião estudantil toma a forma de uma renovação cultural, e se inspira em pensadores antiautoritários como Marcuse; faz renascer o desejo de "revolução sexual" com a retomada das obras de Reich; o marxismo ortodoxo é posto em questão em nome do freudomarxismo e do pensamento libertário.

É como "movimento cultural" que tem início o 68 polonês, cuja explosão, tal como na França, espantou o mundo pela rapidez e pela amplitude que alcançou. Tudo começou com a interdição por parte do governo da apresentação do drama teatral de Mickiewicz, *Os Ancestrais,* que pertence ao repertório romântico do teatro polonês. A peça trata dos problemas de luta individual e coletiva, entre a Polônia e a Rússia czarista em 1823-4; em certas

Paris 1968: As Barricadas do Desejo **31**

passagens, além de calar fundo no sentimento nacional contra a Rússia, ela reflete aspirações e necessidades dos intelectuais e dos estudantes de 1968. O entusiasmo suscitado pelo espetáculo preocupou o governo, que proíbe sua exibição em janeiro de 1968. No último dia da apresentação, os estudantes organizam uma manifestação de rua aos gritos de "liberdade para a arte, liberdade para o teatro, não à censura". Com a prisão de inúmeros estudantes, a agitação cresce e os intelectuais protestam também. A Universidade de Varsóvia assiste a encontros maciços de estudantes que declaram: "Ao lutarmos pela peça de Mickiewicz, lutamos pela independência e liberdade e pelas tradições democráticas de nosso país. Com isto lutamos também pela classe operária, pois não há pão sem liberdade, como não há estudos sem liberdade". Em março o chefe do governo, Gromulka, tenta atribuir a agitação "a um punhado de aventureiros revisionistas e reacionários, a serviço do imperialismo e do sionismo". Com a invasão da Universidade de Varsóvia pela polícia, armada de bombas de gás lacrimogêneo, os estudantes decidem pela greve com ocupação de suas dependências. Em toda parte redigem-se resoluções, queimam-se jornais, os desfiles carregam a bandeira polonesa ao som do hino nacional e da Internacional. As medidas repressivas se sucedem com a prisão e destituição de escritores, professores, personalidades políticas e estudantes. Apesar de reduzidos ao silêncio, a solidariedade da Internacional Estudantil se faz presente na Universidade de Nanterre, em Paris, em cujos muros se lia: "Viva os estudantes de Varsóvia".

A revolta estudantil na Polônia, tal como simultaneamente ocorreu na Tchecoslováquia, só pode ser compreendida no horizonte do drama político de 1956, quando as tropas russas esmagaram os movimentos de Budapeste, movimentos em grande parte desencadeados por estudantes e intelectuais e logo seguidos por mobilizações operárias. Não se deve esquecer que tais movimentos, embora marcados pelo nacionalismo, se dirigiam primordialmente contra o stalinismo e a burocracia dos partidos stalinistas em nome de uma ideologia "conselhista": a criação de conselhos operários (sovietes), a volta a uma pesquisa teórica do marxismo despojado do dogmatismo e da ortodoxia da versão oficial que o esterilizam.

Ao contrário do que a imprensa fez pensar, o movimento estudantil nos países socialistas não se opôs de nenhuma forma ao marxismo e não foi favorável ao liberalismo, forma disfarçada de volta ao capitalismo, mas significou uma crítica "à esquerda" do marxismo petrificado; discutiu ainda as condições de progressão do socialismo, o que era absolutamente impossível no regime dogmático das direções stalinistas. A esse respeito diz um panfleto de Paris no mês de maio: "Freqüentemente eis o que nos dizem: 'vocês não são coerentes com vocês mesmos ao pretender aproximar os acontecimentos de Paris dos de Praga. Em Praga, os estudantes querem se livrar das estruturas socialistas para ir a um regime liberal, enquanto que em Paris é exatamente o contrário, os estudantes querem se livrar das estruturas capitalistas por um regime de tendência socialista'. Nós respondemos: nosso movimento tem raízes bem mais profundas e pretende levar a contestação de Praga a Paris, bem além do socialismo e do capitalismo (...). O movimento de contestação atual não se deve apenas aos estudantes, é um fenômeno mundial (...), o que mostra que seria ridículo fazer da contestação um problema puramente estudantil". Neste sentido, o movimento estudantil na Tchecoslováquia foi uma espécie de detonador no quadro de uma situação interna geral: a necessidade de uma liberalização no interior do PC tcheco. Em meio à agitação estudantil, Dubcek inicia um processo de liberalização,

Paris 1968: As Barricadas do Desejo 33

mas esbarra no aparelho burocrático e no monolitismo político. Em um primeiro momento Dubcek vence a ameaça de uma intervenção militar, mas se defronta com os "socialistas vizinhos" que temem o contágio político. A Tchecoslováquia é, então, invadida pelos tanques da URSS e pelos países socialistas solidários com a direção do PCUS (Alemanha Oriental, Polônia, Hungria, Bulgária) e os únicos a tentarem uma resistência contra os tanques invasores foram os estudantes e suas barricadas: eles são os mesmos que no 1º de Maio manifestaram seu apoio aos estudantes franceses em luta, diante da embaixada da França, e aos poloneses, diante da embaixada da Polônia, e que convidaram os professores excluídos da Universidade de Varsóvia a ensinar em Praga. Por último, entraram em contato com o SDS alemão e exprimiram sua simpatia a Rudi Dutschke, por ocasião do atentado de que foi vítima.

Já a luta dos estudantes japoneses em 68 surpreendeu o mundo por sua extraordinária violência e organização. Para os estudantes japoneses, "a China está próxima" e o Vietnã também. As bases aéreas americanas cobrem o país. Esta vizinhança de dois blocos inimigos determina a realidade político-econômica do país. Se problemas propriamente universitários se encontram na origem das manifestações estudantis, com greves e ocupação de faculdades, o movimento estudantil japonês, conduzido pelo Zengakuren, se desenvolve basicamente contra as manobras do imperialismo americano que pretende fazer do Japão uma base militar avançada face à China e destinada a assegurar suas posições na Coréia, em Formosa, no Vietnã. As mais violentas manifestações estudantis denunciam os acordos comerciais e militares nipoamericanos, a extensão das bases navais americanas no litoral do Japão, assim como a colaboração dos governos nesta "satelização" do país, o que implicava sua participação mais ou menos indireta no conflito do Vietnã. Muitas manifestações de extrema violência ocorrem para impedir a escala no porto de Sasebo do porta-aviões americano *Enterprise*, utilizado na guerra do Vietnã. Se para a Europa e outras partes do mundo ela representava um acontecimento longínquo, o mesmo não ocorria com o Japão: a guerra se desenrolava não longe de sua costa. Também a proximidade da China, um dos raros países que puderam escapar ao "imperialismo branco", desempenha papel considerável, e a tendência pró-chinesa no seio do movimento de extrema-esquerda japonês era forte. Os Zengakuren se armavam de capacetes, lanças e escudos para enfrentar a polícia, e seus combates deixaram imagens de verdadeiros campos de batalha medievais, visto que os policiais japoneses se paramentavam de maneira a lembrar os "cavaleiros teutônicos" do filme *Alexandre Nievski*, de Eisenstein.

Na Espanha a agitação estudantil da Universidade se volta principalmente contra a ditadura franquista; e a presença da polícia no interior da Universidade desencadeia uma onda de protestos que culminam com o levantamento de barricadas e assembléias sindicais ilegais. Na Itália as manifestações estudantis têm início com a luta contra o autoritarismo da Universidade e a mercantilização do homem e da cultura. Diz um panfleto de 68: "A universidade produz um tipo particular de mercadoria: o *homem*, considerado como mercadoria, como força de trabalho qualificada ou em vias de qualificação, como diplomado ou candidato ao diploma". Mas as lutas estudantis culminam em batalhas de rua entre estudantes de esquerda e da extrema-direita.

A luta antiautoritária, bem como a importância peculiar atribuída ao movimento estudantil como pólo da contestação em sociedades onde a classe operária teria sido integrada ao sistema dominante, encontram sua inspiração em Marcuse.

Alemanha, França, Itália, Holanda, Bélgica, Suíça, Inglaterra, Dinamarca, Espanha, Turquia, Tchecoslováquia, Polônia, Iugoslávia, Argélia, Tunísia, Marrocos, Senegal, Madagascar, Mali, EUA, Argentina, Uruguai, Peru, Chile, Venezuela, México, Japão, Brasil: quer se trate da luta contra a reforma universitária proposta pelo acordo MEC-USAID no Brasil, do protesto contra a guerra do Vietnã ou contra o golpe militar de 1964, que intervém nas organizações estudantis e operárias, determinando ocupações de universidades em todo o país e ocupação de fábricas, as imagens são as mesmas do cenário mundial — mortos, feridos, espancados. Tal como nos outros países, a revolta estudantil não se limita à contestação política, ela é portadora de uma contestação da cultura; o movimento tropicalista, por exemplo, toma do Maio francês alguns lemas: ao cantar o Brasil mítico, paraíso-tropical e a miragem deste mesmo Brasil violento e cordial, o tropicalismo reviveu a dimensão poética da revolta ao mesmo tempo política, ética e estética do Maio francês. Tomou para si o "É Proibido Proibir", "Estamos tranqüilos: $2 + 2$ não são mais 4".

A Internacional estudantil não deixou de se manifestar em todos os momentos do ano de 68. E quando um estudante francês declara não ser nem estudante, nem francês, mas um revolucionário, vê-se, como se fosse um sonho, o desmoronamento de todas as fronteiras. A 1.ª Internacional (1864-1876), formada por diferentes correntes políticas, desde o anarquista Bakunin, passando pelo "socialista utópico" Proudhon, adeptos de Louis Blanc até Marx, foi a primeira tentativa de realizar a solidariedade da "espécie humana", da *Gattungswesen*, tão cara ao jovem Marx. Poder-se-ia dizer que aquilo que os membros das Internacionais operárias não conseguiram, os estudantes tentaram em 1968. A Internacional estudantil pretendeu tanto "mudar a vida", como reclamava o poeta Rimbaud, quanto "transformar o mundo" de Marx. A novidade agora é a exigência primeira da Felicidade: "A Felicidade é uma idéia nova na Escola de Ciência Política", diz um grafite parisiense.

A Internacional estudantil teve a força de pôr em questão a política mundial. A guerra do Vietnã funcionou como tema unificador e revelador: houve unanimidade do mundo inteiro contra os EUA; pôs em movimento o jogo da política americana contra os países comunistas; mostrou o nada de solidariedade no mundo comunista, a rivalidade da URSS com a China, a ajuda insuficiente aos países em luta por sua emancipação. Foi ela também a fonte de heróis míticos e combatentes exemplares, o mais célebre dos quais foi Ho Chi Minh.

O ano de 1968 foi o marco da *Grande Recusa*: recusa dos partidos oficiais, do marxismo burocratizado e do mundo venal, recusa e exigência de transformação de valores; quando a revolta acontece em sociedades "prósperas" e "democráticas", ela significa uma recusa moral: a obscenidade não é mais a mulher nua que exibe o púbis, mas o general que exibe a medalha ganha no Vietnã. Não é tampouco, diz Marcuse, o ritual *hippie*, mas a declaração de um alto dignitário da Igreja que afirma ser a guerra necessária para a paz.

Apesar da diversidade das motivações dos movimentos nos diferentes países, de seu *ethos* mais ou menos libertário, o transbordamento da esquerda tradicional, legalista e ordeira, com sua política de moderação, é claro. Neste particular a influência de Marcuse na Europa foi grande: ao examinar os mecanismos de integração e a "tolerância repressiva" da sociedade "unidimensional", homogênea e sem oposição — a sociedade industrial avançada — o filósofo afirma que "as minorias oprimidas têm o direito natural de resistir e de recorrer a meios extralegais se os meios legais se revelam inúteis. Se utilizam a violência não é para engendrar uma nova cadeia de violência, mas para pôr fim à violência estabelecida".

Marcuse fala também da impropriedade da expressão "movimento estudantil", na medida em que ela dissimula o fato de que tal movimento é amplamente apoiado por numerosos membros da *intelligentzia* e por importantes frações da população não estudantil. Além disso, tal expressão sugere aspirações e finalidades muito distantes da realidade: as reivindicações gerais por uma reforma da universidade e de seu sistema de ensino exprimem objetivos mais vastos e mais essenciais. E Marcuse se refere à diferença decisiva que separa a oposição nos países capitalistas e nos países socialistas. Nestes, a oposição aceita a estrutura socialista da sociedade, mas levanta-se contra regimes repressivos e autoritários que repousam sobre a burocratização do Estado e do Partido; já nos países capitalistas, a oposição profunda é de tipo anticapitalista: socialista ou anarquista. Porém, no interior da zona capitalista há diferenças táticas e estratégicas, em função dos objetivos da revolta, sejam ditaduras fascistas ou militares — como na Espanha ou América Latina — ou democracias. Deste ponto de vista, a eclosão internacional de movimentos de contestação no ano de 68, que conseguiu o apoio em certos momentos do proletariado, revela que o movimento estudantil é revolucionário por sua teoria, por seus impulsos e pelos fins que se propõe; mas ele não pode ser uma força revolucionária se não houver massas capazes e desejosas de mudança.

A rebelião estudantil, despojada de uma base de classe no sentido tradicional, é simultaneamente política, moral e instintiva — quer dizer, heterodoxa: os instintos devem se erguer contra a crueldade, a brutalidade, a feiúra. A revolta instintiva é uma revolta contra a sociedade produtivista e os simulacros de valores que ela engendra. É revolta contra a alienação do trabalho. É desejo de eliminação dos trabalhos embrutecedores, enervantes, pseudo-automatizados "que o progresso capitalista impõe ao trabalhador".

Um panfleto parisiense de 68 diz: "como os trabalhadores, os intelectuais constituem um grupo social oprimido: eis por que uns e outros se encontraram unidos na luta. Freqüentemente se coloca a questão: por que os estudantes, que são privilegiados, filhos de burgueses, se revoltam com tal violência? Esta questão, ao mesmo tempo em que silencia o fato de que muitos estudantes são obrigados a trabalhar para prosseguir os estudos, recobre um erro fundamental: a idéia de que só a miséria material justifica a revolta e de que um homem 'que tem tudo de que precise' (no plano material) deve se encontrar igualmente satisfeito no plano moral. Na sociedade atual, o intelectual é por essência insatisfeito. A televisão, a imprensa, os bens de consumo utilizados como meio sistemático de opressão, contribuem para criar um universo material e espiritual no qual o intelectual não consegue fazer compreender sua exigência de verdade e de liberdade". E no grafite se encontra a crítica a toda alienação, material e moral: "Vivre sans temps mort, jouir sans entraves" (Viver sem horas mortas, gozar sem entraves).

O ano de 1968 revela que os movimentos sociais em escala mundial, libertários ou libertadores, são os porta-vozes da exigência de Felicidade e Liberdade, e que esta é única e indivisível.

OS ANTECEDENTES

No quadro internacional se destaca com nitidez o Maio francês por sua originalidade. É preciso compreendê-lo no interior da crise da chamada V República e no impasse aberto pelo XX Congresso do PCUS, conhecido como o da desestalinização.

Apesar de sucessivas remodelações, os anos do pósguerra, de 1945 a 1968, correspondem ao fim inelutável do império colonial francês. A guerra da Indochina, com a derrota francesa em Dien Bien Phu em 1954, a insurreição malgache em 1947, a intervenção no canal de Suez em 1956 e principalmente a guerra da Argélia, que se estende de 1954 a 1962, determinam profundas feridas na sociedade francesa: divisões políticas, sofrimentos físicos e morais permanecem latejantes. Em 1968 a França sofre ainda as seqüelas da longa descolonização, quando os territórios de ultramar, os DOM-TOM, últimos remanescentes do Império, se levantam em agitações violentas. Após a Liberação, quando, em 1945, termina a guerra e as forças alemãs derrotadas deixam a França, comunistas e socialistas tentam resolver o problema colonial com uma "União Francesa" que reagruparia colonos e colonizados. Mas os povos da Indochina são os primeiros a se rebelarem contra esta nova forma de dominação, mostrando o caminho aos malgaches e argelinos pela luta armada. A partir de então, os governos sucessivos agem com violência contra qualquer tentativa de emancipação. Mesclada por sua participação no governo a uma política de repressão e torturas, a esquerda francesa se compromete em guerras que a desonram. Tal política de compromisso favorece o nascimento de uma "nova esquerda" que surge nos anos 50: minoritária mas firme, ela concede seu apoio aos diversos movimentos de liberação no interior da União Francesa e combate as direções da esquerda tradicional.

A guerra colonial dá nascimento ao PSU (Partido Socialista Unificado), de formação trotskista, que denuncia a "moleza e a passividade do PCF" (Partido Comunista Francês) e provoca um aumento prodigioso dos efetivos da organização estudantil de esquerda, a UNEF (União Nacional dos Estudantes de França). O renascimento de forças organizadas à esquerda do PCF e da SFIO (Seção Francesa da Internacional Operária — a Internacional Socialista ou Segunda Internacional fundada em 1891 por Engels, Kautsky e outros) terá um peso decisivo no desenrolar do movimento de 68. O governo dirigido em segunda mão por Guy Mollet — a tendência de direita da SFIO — caíra em desconsideração por sua política na Argélia e sua abdicação diante do *putsch* de 13 de maio de 1958, data da rebelião de Argel — movimento de extrema-direita que tinha por finalidade "salvar a Argélia" e estabelecer na França um regime de *Salut Public*, anticomunista, antiparlamentar e neofascista. Guy Mollet, temendo a cooperação com os comunistas para sustar o golpe, apóia os plenos poderes de De Gaulle, na ocasião 1.º ministro do governo de René Coty — o que dá nascimento à chamada V República. Por outro lado, a chegada ao poder de De Gaulle propiciava uma grande confusão ideológica. Este homem, que os estados-maiores tradicionais apresentavam como um general de direita, que se alimentara da leitura de Maurras, teórico da *Action Française* (movimento fascista francês, que preconizava a autoridade, a hierarquia e a disciplina, e era hostil à democracia, à República parlamentar e para cujo ideário a pátria, encarnada no Estado, era o princípio supremo), desenvolvia uma política exterior de "esquerda" por seu antiamericanismo, reconhecimento da China Popular etc. Em 1958, De Gaulle defende a Argélia francesa: "A Argélia é e permanecerá francesa", mas muda de orientação em 1960. Concede a independência imediata de 14 estados da África Negra e pretende conduzir a Argélia à "autodeterminação". Tal atitude provoca o sobressalto da comunidade francesa da Argélia, dos elementos mais conservadores do Exército, o que culmina em uma tentativa de golpe de Estado de extrema-direita em Argel em 1961. Os irredutíveis se agruparão no seio da OAS (Organização do Exército Secreto) para defender até o fim os interesses coloniais. A OAS estende sua ação terrorista até a metrópole. Para controlar tais dissidentes, os gaullistas estabelecem núcleos clandestinos e polícias paralelas que os perseguem incansavelmente. A extrema-direita não perdoa a "perda da Argélia" em 1962, nem as execuções, nem as condenações que ainda em 68 atingem militantes da OAS. Alguns esperam no exílio uma anistia para voltarem à França. Por outro lado, militantes de extrema-esquerda também haviam sofrido condenações. Da extrema-direita à esquerda socialista, a imprensa reclama uma anistia que gaullistas e comunistas se recusam a conceder. Além disso, o procedimento do PCF durante os anos de guerra da Argélia, com a condenação do "nacionalismo" dos nacionalistas argelinos, a condenação da atitude do contingente de 1956 que se recusa a partir para a Argélia, o apoio a Guy Mollet, o voto para os poderes especiais do presidente, a condenação dos núcleos de apoio à FLN (Frente de Libertação Nacional da Argélia) por "esquerdismo" e "aventureirismo" prejudicam sua imagem.

Quanto ao XX Congresso do PCUS, este inicia o processo de desestalinização do Partido em 1956, três anos após a morte de Stalin. Kruschev divulga seu "relatório secreto" diante de 1 600 delegados, e apesar de eclipsar muitos fatos e acontecimentos ("para não fornecer armas ao inimigo"), aponta crimes de Stalin, as perseguições políticas, os processos de Moscou (que se desenrolam de 1934 a 1938) que terminam pela condenação capital dos quadros mais combativos da Revolução bolchevique, os anos da "coletivização forçada" em que milhares de camponeses são esmagados pelo terror stalinista etc. Tais denúncias parecem deixar o PC francês indiferente: apóia a invasão russa em Budapeste em 1956, realiza expurgos de intelectuais, acentua seu parlamentarismo, enfim, o PCF está marcado pelo stalinismo interno sem a envergadura de Stalin. Por todas estas razões, o PCF não poderia fornecer as estruturas de contestação de que os estudantes necessitavam.

Não é por acaso que a JCR (Juventude Comunista Revolucionária) trotskista e a UJCML (União das Juventudes Comunistas Marxistas-Leninistas) maoísta procedem de duas tendências excluídas da UEC (União dos Estudantes Comunistas) em 1966, a primeira por haver recusado o parlamentarismo do partido — precisamente o apoio à candidatura do socialista François Mitterrand à presidência da República — e a segunda (apesar de acei-

Paris 1968: As Barricadas do Desejo **43**

tar a exclusão da primeira tendência) por "desviacionismo" da linha central do partido. Só permaneceu na UEC um pequeno grupo "centrista" que aceitava as diretivas do Comitê Central do PCF, mas sua posição em maio de 1968 não foi confortável. Dilacerada entre a condenação dos "anarquistas" e dos grupúsculos *enragés* pelo PC e pela CGT (Confederação Geral dos Trabalhadores), dominada pelo PC, mas com inclinação por estes estudantes que lhe eram próximos, a UEC ficou reduzida à venda do *Humanité*, órgão oficial do PCF, onde justamente eram injuriados os estudantes.

Os grupos de "extrema-esquerda" crescem progressivamente em função da esquerda oficial que busca uma unidade para as próximas eleições. Em 1967 os partidos de esquerda se afirmam decididamente eleitoralistas. O PC procura fazer esquecer seu passado stalinista e abdica do qualificativo "revolucionário" para poder desenvolver suas teses sobre a "passagem pacífica ao socialismo". Sucedem-se declarações a propósito da "alternância democrática dos partidos no Poder" e sobre a necessidade de um "programa comum de governo" estabelecido com outros partidos de esquerda. Esta linguagem nova e inesperada deixa perplexos os radicais e os socialistas. Suscita a indignação dos "marxistas-leninistas autênticos" e as reservas dos velhos militantes no interior do partido que gostariam de ouvir mais vezes falar-se em Revolução do que em eleições. A estratégia do PCF supõe inúmeros aliados, pois uma maioria parlamentar só de comunistas é inconcebível. O PCF inicia um longo trabalho para sair do isolamento com vistas a uma longínqua tomada do poder. Conseqüentemente, em abril de 1968, os militantes comunistas não concebem que o poder possa estar próximo de suas mãos. Nada na estratégia do Partido os prepara para isso. Apesar da potência de seu aparelho, politicamente serão tomados de surpresa, como o restante da esquerda. Esta esquerda, às vésperas da greve geral de 68, mais uma vez está em busca da unidade mítica, no encalço da qual ela se encontra desde as origens do movimento operário. Quanto ao socialista François Mitterrand, consegue unir diversos grupos socialistas em uma Federação, que entretanto está longe de ser homogênea. À margem dos socialistas federados e dos comunistas, o pequeno PSU guarda suas distâncias. Em 1964 forma-se uma nova central sindical, a CFDT (Confederação Francesa Democrática do Trabalho) em rompimento com a CFTC (Confederação Francesa dos Trabalhadores Cristãos). A FO (Força Operária), por seu turno, se constituíra em meio a greves de 1947, rompendo com a CGT por pretender uma luta estritamente no plano profissional e não de combate ao governo; é notável por seu anticomunismo.

Quanto à extrema-esquerda francesa em 1968, ela está constituída pelos trotskistas, anarquistas e maoístas. Os trotskistas se vêem como tributários de Trotski e Lênin. Trotski, em oposição a Stalin e seus adeptos, funda em 1938 a IV Internacional. Após seu assassinato no México, em 1940, por um agente da G. P. U., suas idéias perduram. Na França, três grupos se reclamavam de seu pensamento:

1) *Voix Ouvrière* (Voz Operária) — União comunista para a reconstrução de um partido operário revolucionário. Fundada em 1963, esta organização estima que a IV Internacional deve ser reconstruída por não ser uma "Internacional de massa", "democrática". Atua no interior da CGT e da FO;

2) *Révoltes* (Revoltas) — Federação dos estudantes revolucionários. Constituída em abril de 1968, seus militantes atuam na UNEF.

3) *Jeunesse Communiste Revolutionnaire* (Juven-

tude Comunista Revolucionária). Constituiu-se em 1966, distante do movimento operário, mas ativa entre os estudantes. Muito sensível ao conflito vietnamita e às agressões imperialistas. Aderiu à IV Internacional.

Os anarquistas se voltam contra todo tipo de organização por demais rigorosa e disciplinada; formam, no entanto, grupos estáveis. Todos propagandeiam a velha idéia anarquista da greve geral insurrecional — a "Grande Noite". Desenvolvem temas federalistas para resistir ao Estado hipercentralizador e relançam o tema da autogestão operária. São, em 68, os únicos militantes políticos a pregar uma liberdade sexual total e divulgam a obra de Wilhelm Reich. Entre eles podemos citar os seguintes grupos: *Federação Anarquista Francesa* — publica desde 1953 o *Mundo Libertário*; *União Federal Anarquista*, que publica *O Libertário*; *Organização Revolucionária Anarquista* — publica *L'Insurgé*; os *anarquistas-comunistas* que pretendem conciliar o anarquismo com o marxismo. Inspiram-se em Rosa Luxemburgo e pregam a criação de conselhos operários. Publicam o *Negro e Vermelho*. Os anarquistas revivem Bakunin, Proudhon, Louise Michel.

Os maoístas pensam que os ensinamentos de Mao são o marxismo-leninismo de nossa época, ao mesmo tempo em que reivindicam para si a herança de Marx, Engels, Lênin e Stalin. Em 1968 havia dois grupos maoístas:

1) *Partido Comunista Marxista-Leninista da França* — que acusa o PCF de ter abandonado a teoria revolucionária do proletariado em proveito do eleitoralismo; recusam-se também a qualquer aliança com a social-democracia; sua publicação era o *Humanité Nouvelle*;

2) *União das Juventudes Comunistas Marxistas-Leninistas* — Fundada em 1966 por estudantes dissidentes da UEC, não se constituiu em Partido. Publicava *Servir o Povo* e *Garde Rouge*. Obreiristas, muitos de seus mili-

tantes se empregavam nas fábricas como trabalhadores não qualificados.

A esquerda e a extrema-esquerda não foram os únicos a se reconstituírem no panorama de 68. Se para muitos esta data evoca imediatamente as barricadas, os automóveis em chamas e a Sorbonne febril, a crise que abrange a sociedade francesa não se restringe a estas imagens. Se é verdade que "da direita e da extrema-direita estudantil não há espaço para se falar a propósito dos acontecimentos de Maio, a não ser de memória, pois não foram vistos", é mister citá-los, posto que, no fim do movimento, eles e toda a direita francesa irromperão de seu silêncio.

A extrema-direita francesa tem suas raízes também no século XIX e mesmo no *Ancien Régime*. Oscila entre um monarquismo cristão e um fascismo xenófobo, passando por um republicanismo de fisionomia autoritária. Bastante dividida com relação à construção de uma "Europa unida", "Israel", a "República", consegue unanimidade no que diz respeito à vontade de Ordem, que se ergue em princípio político, a hierarquia, a disciplina e os valores militares. Ela aponta incansavelmente aqueles que acredita serem o Mal da França: os estrangeiros (pejorativamente tratados por *metecos*), os professores esquerdistas, os jovens drogados e acima de tudo os marxistas como um todo. O anticomunismo é o cimento de suas diversas facetas. Eis suas palavras de ordem: "Estudantes e Colegiais nacionalistas aderem à RESTAURAÇÃO NACIONAL"; "Melhor que o capitalismo liberal e burguês, melhor que o capitalismo de Estado soviético, um poder mais forte que o dinheiro: o REI". Em 1968, são cinco suas organizações:

1) *A Restauração Nacional — Ação Francesa —* Trata-se de uma organização monarquista, em declínio desde a Liberação da França no fim da Segunda Guerra,

Paris 1968: As Barricadas do Desejo **47**

em princípio dissolvida pelo governo, mas que se faz presente na revista *Aspects de la France*. Prega o nacionalismo integral e se inspira na doutrina de Charles Maurras ("de todas as liberdades humanas, a mais preciosa é a Independência da Pátria"). Pretende restaurar uma "monarquia popular" com o Conde de Paris. A *Ação Francesa* encontra simpatizantes entre os oficiais de carreira. Seu sustento financeiro e moral, a aristocracia da terra, possui ainda sólidos bastiões na região da Bacia parisiense e no Oeste;

2) *Aliança Republicana* — Em Maio de 68 está ausente, mas em junho se recupera e contribui para a formação de uma frente anticomunista. É fiel à idéia de uma França corporativista e tradicionalista, à imagem da França de Vichy que durante a guerra colaborou com o invasor alemão.

Na metade da França não ocupada, os grupos políticos tolerados pelos alemães ou por eles criados, sempre pagos por seus serviços, eram ao mesmo tempo colaboradores e fascistas, isto é, aprovavam plenamente a doutrina nacional-socialista que gostariam de ver aplicada a toda a França. Esta França de Vichy via no nacional-socialismo uma síntese harmoniosa entre as forças do passado e as exigências do futuro, uma espécie de conciliação entre tradição e revolução: "Ele representa o espírito da juventude, a renovação; é a virilidade afirmada; engendra o homem novo do século XX". Este conjunto de valores estava encarnado em Hitler, "Prometeu dos tempos modernos", pois soube guardar "a própria essência do germanismo e projetar no futuro a velha Alemanha". E, sobretudo, soube proteger a Alemanha do "judeu-bolchevismo". O marechal Pétain, chefe de Estado durante a ocupação, pretendia realizar na França uma "revolução nacional". Dizia não imitar ninguém e retirar sua substância da tradição nacional. Pretendia reconduzir a França à era pré-industrial de economia rural e artesanal. Sua divisa foi "Trabalho, Família, Pátria". Pretendia consolidar trabalhadores e patrões através de uma "Carta do Trabalho", organização de tipo corporativista;

3) *Ocidente* — Este grupo foi o mais ativo e mais violento. Acreditava nas virtudes da ação direta e procurava o enfrentamento com os "bolcheviques". Durante Maio de 68, invadiu várias vezes a sede da UNEF deixando sua marca nas paredes: a cruz celta; sua característica mais marcante é a xenofobia. É o movimento que mais se aproxima do nacional-socialismo alemão e do Movimento Socialista Italiano dos seguidores de Mussolini; tinha simpatizantes na polícia e no exército;

4) *OAS* (Organização do Exército Secreto) — Oficialmente dissolvida e duramente perseguida pelos gaullistas de 1960 a 1963. Vários de seus membros foram executados, presos ou exilados. Porém, núcleos de base subsistiram localmente, sobretudo no centro da França. Nascida na guerra colonial, a OAS não tem uma doutrina precisa, mas uma antipatia profunda pela esquerda — que ela julga responsável pela perda da Argélia — e por De Gaulle;

5) *Federação dos Estudantes Nacionalistas* — Criada em 1961, esta organização publica os *Cadernos Universitários*. Condena a luta de classes que "destrói a unidade do corpo nacional". Reclama a supressão da ajuda ao Terceiro Mundo, o retorno dos 29 000 professores franceses destacados para os "países pobres" para serviço cultural, a expulsão dos estudantes negros e facilidades de estudo para os estudantes europeus.

Cumpre reafirmar que, de qualquer forma, os movimentos de extrema-direita estão longe de gozarem do prestígio do tempo da guerra da Argélia.

Paris 1968: As Barricadas do Desejo **49**

* * *

Antecedentes e gérmens de Maio podem ser encontrados nas Revoluções do passado: a Comuna de Paris de 1871, a Revolução Russa de 17, Catalunha em 1936, Budapeste em 1956. Mas estas experiências históricas são agora retomadas em um novo registro, pois é em meio ao debate teórico de todas estas revoluções que se constituiu a fecundidade do Maio francês.

Uma nova esquerda nasceu em maio de 68, deixando transparecer uma forte repulsa pela política tradicional; ela se ergueu contra a sociedade liberal e democrática, contra o conjunto de sua organização. Não considerou o sistema de partidos, comitês, grupos de pressão de qualquer nível; não participou deste sistema nem de seus métodos; nada do que possam declarar os políticos, candidatos etc., tem valor para os que se revoltam. Quando Cohn Bendit, um dos maiores nomes do movimento de Maio, judeu e alemão, declara aos jornalistas que se obstinam em fazer dele um chefe, um líder, um representante, não estar a mando de ninguém, não falar em nome do movimento e que o que ele diz é o que pensa a massa dos estudantes, ele está significando que o movimento de Maio possui mais do que um Cohn Bendit. Isto quer dizer que desde o início o movimento é sem dirigentes, é sem hierarquia, sem disciplina, que ele contesta os profissionais da contestação, viola as regras do jogo que governam a vida das oposições.

O debate teórico suscitado na França a partir do pós-guerra e nos desdobramentos da Revolução Russa renasce na Primavera de Maio. A recusa da organização, diz Lefort, vem de uma consciência de que, em todas elas, "uma minoria de dirigentes se cinde da massa dos executantes, a informação se retrai para o espaço do poder, hierarquias manifestas ou ocultas se fazem suporte dos aparelhos, setores de atividade se fecham, o princípio da eficácia que rege a divisão do trabalho e do saber se faz passar por princípio de realidade, o pensamento se deposita e se petrifica em programas que assinalam a cada um os limites do que é permitido fazer e pensar". A crítica da forma de organização militante, modelada no leninismo, iria ao encontro de Rosa Luxemburgo, que procura uma síntese entre a espontaneidade das massas e a consciência política; também se encontra no Trotski de 1905 — o da "primeira Revolução Russa", o ensaio geral da de 17, onde estão presentes o sentido e o instinto da revolução pela base, na ênfase à ação autônoma das massas. É nessa época que o centralismo do partido bolchevique é combatido por Trotski e por Rosa Luxemburgo.

O Maio francês contesta o fenômeno burocrático. Marx já tratara em parte deste tema em seu *18 Brumário*. Em um primeiro lugar, diz ele, a burocracia é o domínio da incompetência: "a cabeça encaminha aos círculos inferiores a compreensão dos detalhes e os círculos inferiores crêem que a cabeça é capaz de compreender o geral, e assim eles se enganam mutuamente". Mas a burocracia tem um traço peculiar que é o de se erigir em sistema: "a burocracia é um círculo do qual ninguém pode escapar". Em seguida, ela vive para o *segredo*: a hierarquia guarda em seu seio os mistérios do Estado e se comporta com relação ao mundo exterior como uma *corporação fechada*. Por outro lado ela engendra o culto da autoridade. E é esta a constituição do partido bolchevique. Em nenhum país, sem dúvida, o tipo do revolucionário profissional foi tão realizado como na Rússia; as necessidades da ilegalidade diante da autocracia czarista, o hábito de viver sob a opressão e em meio à miséria contribuíram para criar o tipo do praticante da revolução que foi por exce-

Paris 1968: As Barricadas do Desejo **51**

lência o bolchevique. É preciso ver, diz Lefort, que "o revolucionário profissional, pela própria lógica de sua situação, era levado a se separar das massas, a manter com a vanguarda das fábricas apenas relações superficiais. A clandestinidade forçava o revolucionário a viver em pequenos círculos relativamente fechados. Este clima era favorável à centralização e não à democracia".

A crítica ao autoritarismo, a reflexão sobre as relações entre a Teoria e a Prática políticas, à forma tradicional da política virá à luz no contexto francês com o Grupo de *Socialismo ou Barbárie*, que viveu de 1953 a 1965 ao redor de C. Lefort e C. Castoriadis. Foi da oposição ao comunismo oficial, quando uma postura libertária passa a envolvê-lo, que nasceu essa revista. Ela significará uma recusa do dogmatismo marxista no que ele tem de mais exasperador. O movimento de Maio retomou as críticas ao Partido e ao Estado burocráticos de origem "socialista", os escritos da revista sobre as revoltas populares contra a burocracia na Alemanha Oriental, na Polônia, na Hungria, na Tchecoslováquia, as análises sobre a crise do stalinismo, sua morte ideológica e sua sobrevivência real.

A partir da retomada dos movimentos que se levantaram contra a opressão, os escritos de *Socialismo ou Barbárie* apontam o espaço para o questionamento do Poder. Claude Lefort analisara a insurreição húngara de 1956, vendo na história da formação do Conselho Central dos operários de Budapeste o sinal certo de uma vontade comum de não permitir que um órgão executivo fosse cindido da classe operária. Os delegados eram eleitos nas fábricas a que pertenciam, não por um conselho, mas pelo conjunto dos operários. Segundo Lefort, este fenômeno traduz a resolução de manter a direção revolucionária no quadro da democracia direta. Os operários de Budapeste se recusavam a criar um conselho operário nacional. Apesar de este poder parecer muito útil, os delegados decidiam por grande maioria que seu mandato só se limitava à fundação do conselho de Budapeste e que não podiam deliberar pelos conselhos das províncias cujos representantes estavam ausentes. Este episódio é notável: "trata-se de uma discussão que opõe o critério da eficácia ao da democracia, ao fim da qual prevalece esta última". O que Lefort observa é que importa pouco que este modelo não tenha conseguido elaborar-se para que se pudesse julgar sua viabilidade: "o importante, diz Lefort, é que um socialismo começava a viver, no momento em que deixava descobrir que só ele era capaz de dar o máximo de vida à sociedade civil e de impedir o poder de se consolidar; que só ele era capaz de impedir a lei de se degradar no plano do interesse do dominante e o saber de se dissolver em ideologia".

Socialismo ou Barbárie foi o lugar de uma interrogação radical sobre as Revoluções. Concorreu para que se desbastasse o terreno da ortodoxia e da legitimidade marxista, mostrando que o fetichismo do Partido revolucionário encobre o fascínio pela autoridade. Estas considerações golpeiam de uma só vez a tradição autoritária reacionária bem como a autoridade do movimento operário em suas formas de organização e em sua ideologia marxista tradicional. Contestar as formas tradicionais de organização é despojar o Partido e as rígidas organizações de seu papel de "locomotivas da história". Como diz Lefort, "não há revolução que não esteja ancorada no contingente".

Que se recordem, também, as palavras de Marx: "Não somos desses conspiradores que querem desencadear a revolução em data fixa (...). Os comunistas sabem que as revoluções não se fazem à vontade e segundo um propósito deliberado, mas sim que sempre e em todas as partes foram a conseqüência necessária de circunstâncias inteiramente independentes da vontade e da direção de tal ou qual partido". A tradição luxemburguista se faz também presente: a organização revolucionária não precede a revolução, mas é fruto dela. De onde a ênfase na espontaneidade criadora das massas, em suas iniciativas tão formidáveis quanto insuspeitas. Como lembra um grafite do liceu Condorcet de Paris: "A liberdade do outro amplia a minha ao infinito" (Bakunin).

A PRIMAVERA
DO ASSALTO AO CÉU

A sociedade francesa de 1968 é uma sociedade fortemente marcada pela oposição entre a modernização técnica e econômica e as formas de organização social e a orientação cultural. Neste sentido Alain Touraine diz: "Os modelos e as formas de educação, na escola e na família, como as relações de autoridade nas empresas e na administração pública, são muito arcaicos. Sua função é antes a de manter tradições e princípios do que preparar e permitir mudanças". Depois do fim da Segunda Guerra, a França se engajou em um esforço de reconstrução e de crescimento. E no final deste caminho, triunfando internacionalmente com a conferência vietnamita para preparar o acordo do fim da guerra, homenageada por isso mesmo pelo Leste e pelo Oeste, orgulhosa de uma moeda forte no exato momento em que o dólar vacila e tendo superado uma recessão econômica, a França que parecia se modernizar e reformar, a França onde protestos e convul-

Paris 1968: As Barricadas do Desejo

sões pareciam remanescentes retardatários em alguns rincões provincianos, esta França da V República, que conseguira encerrar uma grande crise de descolonização, viu-se em 68, subitamente, paralisar.

Uma crise social está sendo gestada, e é vivida no mundo estudantil como rebelião contra a Universidade. Edgar Morin aponta para dois tipos de interpretação da crise estudantil. Uma delas, a dos círculos oficiais da administração universitária, procura as causas do mal-estar estudantil no arcaísmo semifeudal da sociedade dos professores, a velhice e o atraso da Universidade com relação às novas necessidades, a inadequação do ensino com relação aos empregos. Deste ponto de vista, o remédio se encontraria na adaptação ao mundo moderno, na reforma modernizadora que, liquidando os arcaísmos, aumentando os meios de ensino, locais, material, renovando os métodos, ofereceria aos estudantes universidades abertas e liberais, com empregos assegurados.

Há, no entanto, uma outra interpretação. Os estudantes não pretendem adaptar a universidade à vida moderna, mas recusam-se à vida burguesa, medíocre, reprimida, opressiva; eles não se interessariam pela carreira; pelo contrário, desprezavam as carreiras de quadros técnicos que os esperavam; eles não procuravam se integrar o mais rapidamente possível na vida adulta, mas representavam sua contestação radical. Nesta interpretação pode-se compreender por que universidades tão "funcionais" e adaptadas à modernidade, como Berkeley e Columbia, foram o palco de violentas revoltas.

A Universidade de Nanterre não explica os acontecimentos, mas tudo começou lá. Barracões construídos às pressas na periferia de Paris, nas proximidades de uma "favela", para prevenir explosões em uma Sorbonne superlotada, Nanterre alojava estudantes de direito e um grande número de estudantes de letras. Tal como nos tempos da Filosofia, as Ciências Humanas servem para forjar desempregados ou "cães de guarda". Morin diz: "No que concerne ao núcleo da fermentação parisiense, Paris-Nanterre, e notadamente o meio dos estudantes em Ciências Humanas, parece que o primeiro elemento detonador tenha decorrido da conjunção de dois fatores contraditórios: uma inadaptação muito grande entre a produção crescente de diplomas e a escassez de empregos, mas também uma adaptação por demais grande das Ciências Humanas — e particularmente a sociologia — a uma sociedade na qual elas se tornam auxiliares do poder".

Com efeito, apesar de a radicalização estudantil ter começado por atacar os exames, ela era portadora de uma crítica política da sociedade. A recusa dos exames é a contestação do princípio de seleção e de hierarquização social, mas também recusa do ritual de iniciação para a sociedade, recusa da passagem para o universo adulto. À imagem realizada do *homo sapiens* adulto, vai-se opor a imagem inacabada da "adolescência permanente": "Recreação Permanente", "Contestação Permanente".

O caráter verdadeiramente moderno da revolta estudantil é sua significação *antiautoritária*. No plano estritamente acadêmico os estudantes se erguem contra a reforma universitária, contra o plano Fouchet. Este plano era o porta-voz do poder gaullista que pretendia derrubar as velhas estruturas universitárias da III República (Universidade que funcionava fechada sobre si mesma, gerando professores para lecionar na própria universidade e no ensino médio), para fazer da Universidade, antes tão orgulhosa de sua independência, uma máquina eficaz do aparelho do Estado, que fabricaria quadros "integrados". Além disso, o plano Fouchet encorajava a invasão do ensino secundário por professores do ensino primário, atra-

Paris 1968: As Barricadas do Desejo

vés dos "Colégios de Ensinos Gerais", e acelerava a formação dos professores do ensino superior, pela licenciatura em dois anos. Os estudantes acabaram por questionar o conteúdo e a forma do ensino, dos "Mandarins", do plano Fouchet e da administração universitária.

O dia 22 de março de 1968 marca o início da revolta, o dia e a noite em que os estudantes ocuparam o prédio da administração de Nanterre para protestar contra a prisão de um estudante que pertencia ao "Comitê Vietnã" (comitê de luta contra a guerra do Vietnã). Antes disso, Nanterre já assistira a interrupções de cursos magistrais e à contestação pública do professor; ocupação das dependências universitárias femininas pelos rapazes, para protestar contra a segregação sexual. Com relação à sexualidade, os estudantes estavam rejeitando o recalque do mundo adulto, tal como aparece por ocasião da inauguração da piscina de Nanterre e que faria surgir um dos maiores nomes do movimento de Maio, Cohn Bendit. Nesse dia, o ministro da Juventude se vê contestado por Cohn Bendit a respeito do *Livro Branco sobre a Juventude*, que acabava de ser editado, pois este não dizia nenhuma palavra sobre a sexualidade. Ao que o ministro respondeu: "Se você tem problemas desta ordem, o que você tem a fazer é mergulhar nesta piscina".

Cohn Bendit replicou dizendo que esta era uma resposta fascista. A partir desse dia, Cohn Bendit, cidadão alemão, é ameaçado de expulsão. A agitação continua crescente em Nanterre, com enfrentamentos entre grupos de extrema-esquerda, a JCR e a UJCML, com o grupo fascistizante *Occident*.

De Nanterre a movimentação passa para a Sorbonne em virtude de um início de incêndio na sede da UNEF. Para protestar, os estudantes da Sorbonne e os de Nanterre decidem por um *meeting* de protesto, mas o grupo

Occident ameaça impedir o encontro. O Reitor da Sorbonne recorre à polícia, que acaba prendendo inúmeros estudantes e, fato decisivo, a polícia — violando uma tradição da Universidade como lugar de asilo, onde dificilmente pode penetrar — ocupa a Sorbonne. Os estudantes imediatamente saem em manifestação de protesto; em todo o Quartier Latin os confrontos entre universitários, colegiais, transeuntes e policiais serão extremamente violentos: carros tombados, incêndios de caixotes, granadas de gás lacrimogêneo, espancamentos. Desde a guerra da Argélia, a França perdera o hábito de enfrentamentos de rua.

Quando acontecem coisas extraordinárias na rua, é a revolução"*

No dia 1.º de maio de 1968 a CGT organiza uma manifestação pelo Dia do Trabalho. Durante o cortejo choques ocorrem entre o "serviço de ordem" da CGT e grupos da "esquerda revolucionária". Georges Marchais, membro do bureau político do PCF, escreve no *Humanité*: "Não satisfeitos com a agitação que conduzem nos meios estudantis, agitação que contraria os interesses da massa dos estudantes e favorece as provocações fascistas, eis que estes pseudo-revolucionários emitem agora a pretensão de dar lições ao movimento operário. Cada vez mais são vistos nas portas das fábricas ou nos centros dos trabalhadores imigrados, distribuindo panfletos e material de propaganda (...). Trata-se de certos grupúsculos anarquistas, trotskistas, maoístas etc., compostos em geral de filhos de

(*) Guevara

Paris 1968: As Barricadas do Desejo

grandes burgueses e dirigidos pelo anarquista alemão Cohn Bendit".

Como estudantes continuassem presos, a solidariedade se intensifica. No dia 10 de maio, 15 000 estudantes se manifestam e passam pela prisão da *Santé*, de cujas celas os prisioneiros se solidarizam com os manifestantes que gritam "liberdade, liberdade". A meio caminho, os manifestantes recebem a notícia de que todos os pontos do Quartier Latin estão fechados pela polícia. Começa a nascer a idéia de ocupar o Bairro Latino. Levantam-se as primeiras barricadas. Cohn Bendit, um dos delegados para a conversação com o Reitor, lança uma palavra de ordem: "Ocupação do Quartier Latin sem enfrentamentos com as forças da polícia". Mas, de madrugada, a polícia ataca os manifestantes. Uma batalha extremamente violenta de 4 horas tem lugar, com feridos graves. Em toda a França o traumatismo é imediato. Protestos se fazem ouvir em todas as partes, o movimento estudantil ganha todo o país e o dia 13 de maio culmina com a ocupação de todas as faculdades. Ao mesmo tempo, nos liceus o mal-estar se faz sentir: "Abrir as portas dos asilos, das prisões e outros liceus", diz um grafite. A opinião pública se desorienta pela ausência de "responsáveis", apesar de a imprensa e a rádio procurarem preencher este vazio de direção com Sauvageot (militante do PSU e na direção da UNEF), o professor Geismar e Cohn Bendit. "Paradoxalmente, os três interessados, que multiplicam suas entrevistas, conferências de imprensa e declarações, vão aos poucos perdendo contato com suas organizações respectivas. Desempenharão o papel de símbolos e não o de verdadeiros dirigentes."

As barricadas ousam responder à primeira granada de gás lacrimogêneo com paralelepípedos, numa espécie de guerrilha *gavroche*; a manifestação pública que se segue percorre 30 km em Paris, detendo-se surpreendentemente no Arco do Triunfo, onde os manifestantes cantam a Internacional. Os jornais de direita falarão de "profanação da chama do soldado desconhecido". Outro fato revelador: quando o cortejo passava pela Câmara dos Deputados não parou, nem mesmo voltou-se para ela: "Para os manifestantes, o parlamentarismo não quer mais dizer nada; não se deram nem ao trabalho de vaiar. E alguns deputados de esquerda, que se somaram à passeata, foram considerados como qualquer outra pessoa no desfile". Esta manifestação que deveria terminar sem incidentes é surpreendida por espancamentos e prisões.

É no bojo de todos estes acontecimentos que se ergueram as barricadas, símbolo revolucionário e histórico, barricadas de árvores, bancos, grades, carros, paralelepípedos. Por detrás delas, é toda uma vida que se desenvolve: discussões com as pessoas do bairro que apóiam os estudantes. Foi, pois, na Sorbonne que se concentraram os traços mais virulentos, radicais e significativos da "comuna estudantil". Aqui a comuna universitária se desdobra em comuna política. Na comuna universitária a criatividade da rua se traduz em *meetings* — seminários, colméias, comissões, ruptura de hierarquia; todos se empenham em uma pesquisa-diálogo, que deixa transparecer até que ponto a instituição universitária recalcava os ineptos mas também os melhores. Comissões se multiplicam livremente e criticam as relações professores-alunos, a estrutura de gestão das faculdades, a sexualidade. Esta foi a Sorbonne aberta e livre, que se ofereceu a uma "utopia concreta", ao povo trabalhador, à festa, à música: "Concepção utópica?, pergunta Marcuse. Ela foi a grande força real, transcendente, a *idéia nova* da primeira revolta potente contra o conjunto da sociedade existente, desta revolta que visava a uma transmutação radical dos valores,

Paris 1968: As Barricadas do Desejo

uma transformação qualitativa do modo de vida. Os grafites da juventude em cólera reuniam Marx e André Breton; o *slogan* 'A imaginação no Poder' respondia a 'Os comitês em toda parte'; um pianista tocava jazz sobre as barricadas, e a bandeira vermelha ornava a estátua de Victor Hugo; os estudantes em greve de Toulouse pediam o renascimento da linguagem dos trovadores e dos Albigenses. A nova sensibilidade tornou-se força política, ultrapassando as fronteiras entre os blocos socialista e capitalista; ela é contagiosa porque o vírus se encontra no próprio meio ambiente, no clima das sociedades estabelecidas''.

A tarefa primordial do movimento: ''abrir uma brecha'', como dizia Cohn Bendit. Os estudantes não boicotavam a Universidade, não chamavam à greve, não fixavam listas de reivindicações, ou, circunstancialmente pressionados a fazê-lo, logo declaravam que uma vez realizadas, eles não parariam. O que os estudantes de Maio faziam era colocar a instituição fora de funcionamento, a autoridade fora de condições de se exercer; ''eles se instalavam na ilegalidade, diz Lefort, na praça pública, à vista e ao conhecimento de todos, contando com o apoio da massa para derrotar a repressão, de tal forma que a própria lei se tornava duvidosa''. O importante é que um novo *estilo de ação* nascia, em rompimento com os quadros da contestação tradicional. Lefort continua: ''aqueles que tomam a iniciativa de agir não estão em um sindicato ou em uma de suas frações, eles também não pertencem aos diversos grupúsculos que em tempos comuns monopolizam a luta política na Universidade, eles não estão em *parte alguma*''. Sua primeira audácia é terem tomado um caminho diferente daquele que retomam indefinidamente partidos, sindicatos e grupúsculos. Trata-se da ação direta e exemplar que recusa ao mesmo tempo a tutela das organizações e a das autoridades estabelecidas.

Sous le pavé, la plage
(sob o calçamento, a praia)

Quando os estudantes foram jogados na rua pela repressão policial que se abateu sobre a Sorbonne no dia 22 de março, eles não hesitaram em descalçar a rua, ato equivalente ao que já começavam a fazer na Universidade: "A barricada não terá apenas a função de uma parede de proteção apta para assegurar a resposta ao agressor, diz Morin, ela será primeiramente o símbolo deste despregamento e de um novo estabelecimento em meio à cidade". Tal como nos dias gloriosos da Comuna de Paris de 1871, a comuna estudantil retoma a cidade e põe a Imaginação no Poder. Se a urbanização de Paris no fim do século XIX teve por objetivo abrir as grandes avenidas para tornar para sempre impossíveis as barricadas e para facilitar a repressão aos movimentos sociais que ameaçaram a burguesia e seus bancos em 1830, 1848, 1871, as Comunas têm o sentido da reconquista da cidade. Hausmann, esse "artista demolidor", urbaniza a Paris do século XIX enquanto os tiros de canhão de Napoleão III eram dirigidos contra as barricadas, destruindo o ideal da cidade como lugar da "comunidade" e da solidariedade. Ele utiliza a cidade diretamente como mercadoria, abrindo Paris à especulação do grande capital financeiro, alienando seus antigos moradores e empurrando-os para fora dela: o embelezamento da cidade pela realização das grandes avenidas e bulevares encareceu os aluguéis e expulsou o proletariado para a periferia. Nasceu o "cinturão vermelho" operário. Hausmann concebeu, pois, a cidade como o terreno da luta social, não só pelos tiros de canhão, mas pela razão bem mais importante de ver a metrópole do ponto de vista do interesse capitalista: "ideal do urbanismo hausmanniano: vistas perspectivas, diz W. Benjamin, através de grandes travessas. Este ideal corresponde à tendência que se reencontra através de todo o século XIX: enobrecer necessidades técnicas (a repressão aos movimentos sociais para dar livre curso à exploração capitalista) com finalidades artísticas".

Com Hausmann, Paris vive "as mais belas horas da especulação". Vê-se como a verdadeira finalidade de Hausmann era a proteção da cidade contra a guerra civil. Hausmann pretendeu impedir o levantamento de barricadas de duas maneiras: a largura dos bulevares deveria dificultar sua construção e novas travessas deveriam encurtar a distância entre os quartéis e os bairros operários. A isto se chamou "embelezamento estratégico".

O Maio de 68 retomou a cidade e colocou "a poesia na rua". Reavivou a exigência de Rimbaud de "mudar a vida": "mude a vida, transforme seu *mode d'emploi*", diz um grafite. Pois "embaixo do calçamento está a praia". Este é o sentido principal da "insurreição pelos signos" que foram as inscrições nos muros da cidade. Os muros também tomaram a palavra: "durante semanas, diz Touraine, estudantes e não-estudantes foram os senhores, não da sociedade, nem mesmo da instituição universitária, mas de seus muros". Estes foram a celebração de um anonimato participante. De Proudhon a Bakunin, dos surrealistas aos situacionistas, a França retomou suas mais antigas barricadas. As inscrições nos muros marcaram um novo tipo de ofensiva tão "selvagem" quanto as revoltas que lhes deram nascimento, mas uma ofensiva que mudou de conteúdo e de terreno: "Estamos face a um novo tipo de intervenção na cidade, diz Baudrillard, não mais como lugar do poder econômico e político, mas sim como espaço/tempo do poder terrorista dos mídia, dos signos e da cultura dominante"; "A industrialização nos ameaça"; "As mamadeiras de borracha tornam a sociedade carnívora" (Grafite). Quando Marx falava na era da produção da mercadoria e da força de trabalho, dizia que estas equivalem a uma solidariedade no processo social, até mesmo na exploração — e foi nesta socialização que Marx fundou sua teoria revolucionária. Mas esta solidariedade histórica desapareceu na medida em que estão todos indiferentes e separados sob o signo da televisão e do automóvel, sob os signos do comportamento inscritos em toda parte, nos mídia ou nos traçados da cidade. Não é por acaso que o Maio de 68 voltou-se contra os mídia em panfletos, cartazes, grafites: "Você está sendo intoxicado: rádio, televisão, jornal, mentira".

Os grafites dão uma nova dimensão à cidade, dela se reapropriam: "Eles provêm, diz Baudrillard, da categoria do território. Eles territorializam o espaço urbano decodificando-o — *esta* rua, *aquele* muro, *tal* quarteirão assume vida através deles, tornando-se território coletivo. E eles não se circunscrevem ao gueto, eles exportam o gueto para todas as artérias da cidade, eles invadem a cidade branca e revelam que ela é o verdadeiro gueto do mundo ocidental". Os grafites e os cartazes de Maio de 68 conduziram os muros a uma "mobilidade selvagem", a uma instantaneidade da inscrição que equivalia a aboli-los. "As inscrições e os afrescos de Nanterre, diz Baudrillard, exemplificam muito bem essa reversão do muro como significante da quadrilhagem terrorista e funcional do espaço, através de uma ação antimídia": "É proibido proibir, Lei de 10 de maio de 1968", diz um grafite para contestar as inscrições oficiais que dizem "É proibido colar cartazes, lei de 29 de julho de 1881", leis estas que outorgam liberdade de contestar em certa superfície e proíbem grafitar na do lado. Esta Revolução dos Muros foi uma revolução cultural no bojo da qual a Imaginação tomou o Poder. O que se inscreveu nos muros e nas paredes foi uma parte importante da contestação de Maio, de suas investidas mais originais. Desde 1936, quando do governo da Frente Popular — que assistiu a uma greve geral que paralisou o país com suas ocupações de fábricas — não se viu uma tal explosão de iniciativas de toda ordem. Cada dia surgem novos jornais (*Ação, O Enragé, Le Pavé*), revistas (*O Cinema se insurge*), *slogans* — "nós somos todos judeus — alemães", quando o governo considerou Cohn Bendit um "indesejável judeu-alemão", grafites, "Corra, camarada, o velho mundo quer te alcançar", espetáculos teatrais "selvagens" (Festival do Marais, Teatro dos Amandiers) que se unem às tomadas de palavra na Sorbonne e no Teatro do Odéon. Paris se transforma e se reencontra: a paisagem, as ruas livres dos automóveis retomam sua função de passeio e de fórum. A transgressão e a criação caminham juntas — as máscaras nô, brancas e ensangüentadas, em torno do manequim pendurado na forca do decorrer da manifestação do 1.º de Maio. Em 1968 a Escola de Belas Artes também foi à rua. Seus cartazes se articulam ao redor de dois temas: a polícia e a multidão. A polícia, personificada pelo CRS, é o Poder e a repressão. Eles são a ilustração da parte mais negra de nossa civilização. Imagem da força cega, o CRS não tem olhos (apenas óculos); não tem rosto, só viseira. Quanto ao povo — jamais tem uma arma, mas emblemas do trabalho e da construção. Os cartazes são "espontâneos", como diz a inscrição *"Ici on spontanne"*, mas não nasceram ao acaso. São marcados pelas pesquisas gráficas dos "suprematistas" russos que apoiaram a Revolução dos Sovietes (Malevitch, Tatlin, Lebiediev). A Escola de Belas Artes não ignorou a exposição de 1967 consagrada a estes artistas. Ao lado das inscrições nos muros, os cartazes muitas vezes representaram respostas imediatas às tomadas de posição oficiais, como quando De Gaulle, em declarações, disse "não à bagunça estudantil" (*Non à la chienlit*) — as inscrições logo se seguiram: "*La chienlit c'est LUI*" (A bagunça é ele). Apoiando as ações de rua, as greves, as manifestações, os cartazes constituíram um espelho do cotidiano de 68.

Em 68 a França viveu a mais pura "gratuidade". O tempo livre se tornou o tempo integral: "Não mude de emprego, mude o emprego de sua vida", dizia uma inscrição. As inscrições são muitas vezes obras dos situacionistas. A Internacional Situacionista que se formou em Strasbourg no decorrer dos anos 60 se pronunciava pela "revolução integral na *vida cotidiana*", pelos conselhos operários, pela autogestão e pela inovação do surrealismo. Em 1966, os situacionistas tomam o escritório da UNEF de Strasbourg e, manifestando seu desprezo pelo sindicalismo estudantil, aplicam seus fundos na publicação de um virulento caderno — *Sobre a Miséria no Meio Estudantil* — onde se lê: "As revoluções proletárias serão *festas* ou não serão revoluções, pois a vida que elas anunciam será ela mesma criada sob o signo da festa. O *jogo* é a racionalidade última desta festa, viver sem horas mortas, gozar sem entraves (*Vivre sans temps morts, jouir sans entraves*) são as únicas regras que poderá reconhecer".

O surrealismo é revivido em particular no que se refere à figura do Poeta como o não-conformista absoluto, como aquele que encontra na linguagem os elementos semânticos da revolução: "Pois o poeta não pode mais ser reconhecido como tal se não se opuser por um não-conformismo total ao mundo em que vive. Ele se ergue contra todos, inclusive os revolucionários que, colocando-se apenas no terreno da política, arbitrariamente isolada por isso do conjunto do movimento cultural, preconizam a submissão da cultura à realização da revolução social". O surrealismo pretende chegar a uma "nova declaração dos direitos do homem". "A arte pela arte, dizia Breton, é tão tola quanto a revolução pela revolução." E os muros de Paris se levantam contra a eficácia revolucionária e reabilitam o espaço da *palavra*: "Chega de atos, queremos palavras"; "A palavra é um coquetel Molotov". O mundo exterior se dobra aos desejos do indivíduo, de onde a importância do inconsciente e de suas manifestações para traduzir uma nova *linguagem*: "tomando uma visão mais aguda de seu ser, o surrealista o opõe ao mundo e pretende dobrar este aos desejos daquela. De onde um individualismo revolucionário de onipotência do pensamento que deve, por contágio, transformar o pensamento, e em seguida a vida dos homens. Longe de se fechar em 'segredos de escola', o surrealismo dá a cada um os meios para obter este 'estado de furor', condição primeira de uma transformação verdadeira da vida".

A atitude surrealista vê no cotidiano, no usual, o extraordinário, o revolucionário, no sentido em que aspectos extraordinários da existência são destacados de seu horizonte costumeiro: "Aquele que fala de revolução sem mudar a vida cotidiana tem na boca um cadáver", diz uma inscrição de Strasbourg. A razão e a lógica se inclinam diante da imaginação, convidando a ultrapassar o mundo utilitário; seu interesse marcial é o grande motor para mergulhar no feérico e no maravilhoso: "o surrealismo será função de nossa vontade de estranhamento completo de tudo". Diz uma inscrição de Maio: "Le sexe de la nuit a souri a l'oeil unanime de la revolution" (O sexo da noite sorriu ao olho unânime da revolução). Esta dimensão desconcertante, que nos retira das significações habituais das palavras, abre o caminho para o sonho, para a imaginação. No sonho tudo parece fácil, "a angustiante questão da possibilidade não se coloca mais".

Foi este ainda um dos sentidos da festa nas barricadas. Naqueles dias foi decretado "o estado de felicidade permanente" como se lia na Escola de Ciência Política. E em Censier: *"Déjà dix jours de bonheur"* (Já dez dias de felicidade). Vivia-se uma vida intensa "que a sociedade de consumo moderna impedia de viver sob o pretexto de que ela nos alimentava decentemente". Foram os situacionistas que numa mescla de marxismo, anarquismo, surrealismo, fizeram a crítica mais certeira à sociedade "espetacular mercantil", onde tudo se dá sob a forma da mercadoria e esta se dá como espetáculo. É preciso "queimar a mercadoria". Por isso a inscrição: *"Bientôt de charmantes ruines"* (Em breve, encantadoras ruínas).

A insolência também foi arma revolucionária. Ela se ergueu contra o *esprit de serieux*, a seriedade burocratizada das "pessoas sérias": *"Prenons la révolution au sérieux mais ne nous prenons pas au sérieux"* (Teatro do Odéon) (Levemos a revolução a sério, mas não nos levemos a sério). Neste contexto, Marcuse diz: "a juventude explode em risos e cantos, misturando as barricadas com a pista de dança, o heroísmo e os jogos do amor. Esta ofensiva contra o *esprit de serieux* (...) é uma grande revolta antiautoritária que afirma a racionalidade da imaginação e reivindica uma outra moralidade e uma outra cultura". A seriedade do mundo adulto é recusada, bem como seus valores de culto do sacrifício: "uma revolução que pede que se morra por ela é uma revolução *à le papa*". A revolução é vivida como festa e felicidade: *"plus je fais l'amour, plus j'ai envie de faire la revolution, plus je fais la revolution, plus j'ai envie de faire l'amour"* (um *Enragé*) (Quanto mais eu faço amor, mais eu tenho vontade de fazer a revolução, quanto mais eu faço a revolução, mais eu tenho vontade de fazer amor). "Revolução, eu te amo" (Nanterre). A revolução nas ruas é ao mesmo tempo revolta moral íntima e rebelião social: "construir uma revolução é também romper todas as correntes interiores" (Escola de

Medicina). Só assim se libera a Imaginação para a "poesia ir às ruas"; *"Poète, voleur de feu"* (Poeta, ladrão do fogo), diz um cartão com a figura suave de Rimbaud. Abre-se a via para se "viver no presente", com a exigência da "felicidade permanente": "eu decreto o estado de felicidade permanente". Deste ponto de vista, a insurreição dos muros culmina com uma última e derradeira recusa, a da morte: "a morte é necessariamente uma contra-revolução" (Línguas Orientais).

As barricadas se fazem presentes na inscrição: "a barricada fecha a rua mas abre o caminho". Ela abre o caminho e a "imaginação toma o poder". Ela não admite nenhum tipo de repressão: "inventem novas perversões sexuais" (Nanterre). Reich faz sua aparição no Maio francês: "O homem não é nem o bom selvagem de Rousseau, em o perverso da Igreja e de la Rochefoucauld. Ele é violento quando oprimido, doce quando é livre" (Nova Faculdade de Medicina). Aí se encontra o tom reichiano. Contra a "miséria sexual" a "orgasmoterapia": "somente a liberação da capacidade natural do amor nos seres humanos, diz Reich, pode dominar sua destrutividade sádica". Reich diz que sempre se recusou à sexualidade aquilo que não se hesitou em conceder ao dinheiro e à preparação da guerra. Estes não passam de desvios perversos do real interesse humano que é o interesse sexual: *"Make love, not war"*, diz ainda uma inscrição. Esta seria a terapia à castração psíquica, que semeia sentimento de culpa e de pecado.

Os dias de Maio assistiram a uma "contestação permanente" que incentivou a Imaginação, golpeando ao mesmo tempo o conformismo burguês e o conservadorismo revolucionário. O dia 22 de março marcou a fusão entre o leninismo, o anarquismo, o situacionismo. Todos os mitos revolucionários foram revividos, da Revolução

Francesa ao "romantismo revolucionário" de um Rimbaud — morto nas selvas da África traficando armas — ou de um Che Guevara. Esse dia marcou uma ação revolucionária conjunta, que recusou a organização de um partido, mas aceitou livremente a adesão na ação de todas as correntes revolucionárias. "O 22 de Março, diz Morin, é uma forma original de frente de ação com o mínimo de organização e ao mesmo tempo o máximo de inteligência estratégica e tática. O 22 de Março é revolucionário em sua substância, e por toda parte onde se impõe instaura uma nova ordem, democracia direta, assembléias permanentes, eleitos revogáveis, uma ordem soviética." Segundo Morin, esse dia faz o mimetismo de todas as revoluções passadas, a guerra da Espanha, a revolução cultural, Outubro de 17, a Comuna de Paris, "para se esforçar de viver e fazer viver o socialismo dos conselhos". Ainda segundo Morin, este aspecto "Comuna de Paris" é completado pela contribuição "bolchevique" da JCR (*Jeunesse Communiste Revolutionnaire*) trotskista com Alain Krivine na liderança. Também a conjunção entre o *jogo* e a *seriedade* selou uma dimensão de "jogo permamente" que fez toda a originalidade da "comuna juvenil". Neste quadro, foi ainda Cohn Bendit a imagem e o símbolo, ao mesmo tempo, da criatividade anarquista das massas juvenis e da democracia direta. Este estilo de ação se espalha pela sociedade inteira e se ergue contra a burocratização crescente de seus setores e contra a Autoridade instituída: o setor da Informação (ORTF), o da Pesquisa Científica (CNRS), o da Medicina e o do Direito — por toda parte se coloca a questão da autogestão, por toda a parte a autoridade dos dirigentes ou dos quadros superiores é contestada: "é o despotismo burocrático, diz Lefort, ou o corporativismo que são denunciados, um e outro de resto freqüentemente imbricados no mesmo lugar". Até a Igreja entrou em convulsão

Paris 1968: As Barricadas do Desejo 71

e apresentou reivindicações: os jovens judeus ocupam o Consistório, os protestantes condenam a teologia opressiva, os católicos se insurgem contra a hierarquia.

A revolta estudantil desencadeou uma crise de autoridade generalizada. Peyrefitte, ministro da Educação, no dia seguinte à noite das barricadas, declara há muito tempo ter iniciado a reforma requerida pela universidade, *deseja* que a ordem volte a reinar nos espíritos e em seguida distribui comunicados sobre a data dos exames que se aproximam, como se os estudantes estivessem em seus quartos curvados sobre seus cadernos: "Aqueles que sustentam esta linguagem, diz Lefort, deveriam ler ou reler a passagem que Trotski consagra em sua *História da Revolução Russa* a Luís XIV e a Nicolau I. Eles aprenderiam que, em uma sociedade que se desmancha, o rei é quase sempre muito fraco, imbuído com sua imagem, obstinado a nada ver fora do palácio e a proclamar que não se passa nada. O rei da Universidade e seu primeiro ministro são tais que deveriam estar nesta situação". A revolução tinha começado restaurando a verdade da velha fórmula leninista: uma revolução começa quando não se pode mais em cima, quando não se quer mais em baixo.

A *Grande Recusa* estudantil retoma Bakunin: "A paixão da destruição é uma alegria criadora" (Sorbonne). Posto que "destruir é já começar a construir", pode-se ler em um manifesto de 4 de maio: "Por que os estudantes estão '*enragés*'? Os jornais falam dos '*enragés*', de uma juventude 'dourada' que escamotearia sua ociosidade abandonando-se ao vandalismo e à violência. Qual é a finalidade destes artigos? Uma única: cindir os estudantes dos trabalhadores, fazer uma caricatura de seu combate, isolá-los para amordaçá-los melhor. Os 3 000 estudantes que se enfrentaram com a polícia são de fato um punhado de desordeiros de que fala Peyrefitte, o ministro da Educação Nacional?

Não. Nós combatemos porque nos recusamos a nos tornarmos:

— professores a serviço da seleção no ensino, de que os filhos da classe operária são as vítimas,

— sociólogos fabricantes de *slogans* para as campanhas eleitorais governamentais,

— psicólogos encarregados de fazer "funcionar" as "equipes" de trabalhadores "segundo os melhores interesses dos patrões",

— cientistas cujo trabalho de pesquisa será utilizado segundo os interesses exclusivos da economia do lucro. Nós recusamos este futuro de "cães de guarda". Nós recusamos os cursos que nos ensinam a nos tornarmos isso. Recusamos os exames e os títulos que recompensam os que aceitam entrar no sistema. Nós nos recusamos a melhorar a universidade burguesa. Nós queremos transformá-la radicalmente a fim de que de agora em diante ela forme intelectuais que lutem ao lado dos trabalhadores e não contra eles."

Os órgãos de decisão governamentais estarão sempre atrasados com relação aos acontecimentos. A isto que tomam como meras declarações corresponde uma reação em cadeia. Quando falam de Nanterre, é a Sorbonne que explode; quando utilizam a repressão, é a solidariedade e a violência que se reforçam; quando afirmam querer manter a universidade, a universidade já se estilhaçou; quando se prendem ao problema dos exames e as reformas do mundo estudantil, os estudantes falam de revolução total.

"A vontade geral
contra a vontade do general"

Do dia 4 a 11 de maio a situação se agrava: os estudantes são cada vez mais perseguidos pelos inquéritos policiais e o número de feridos aumenta. O dia 13 de maio, data histórica, pois remete ao "golpe" de De Gaulle, representa uma verdadeira mutação no movimento; os sindicatos organizam uma manifestação de solidariedade com os estudantes, marcam uma greve geral de 24 horas, e ver-se-ão as bandeiras negras florescendo ao lado das bandeiras vermelhas, Cohn Bendit e Sauvageot passo a passo com o secretário geral da CGT, Georges Séguy, que há pouco dizia: "os esquerdistas fazem o jogo do poder; por suas palavras de ordem aventureiristas, por suas concepções e atitudes, só facilitam a tentação do poder de isolar os estudantes da população". Apesar de o "serviço de ordem" da CGT pretender enquadrar o movimento, os estudantes conseguiram tomar a dianteira e militantes da "esquerda revolucionária" substituíram a bandeira tricolor da Bolsa do Trabalho pela bandeira vermelha. Esta manifestação congregou mais de 1 milhão de pessoas e foi a primeira vez em que se ouviu a palavra de ordem "governo popular". No dia seguinte, operários da usina Sud-Aviation de Nantes seqüestraram seu diretor e ocuparam a fábrica. Greves espontâneas começam a ocorrer por toda a França e se espalham rapidamente; o movimento mostra sua natureza: a solidariedade permanente entre estudantes e operários, franceses e estrangeiros. O PC e a CGT se esforçam ao máximo para impedir esta conjunção, pois pretendem "proteger a sua classe" contra o aventureirismo esquerdista. E afirmam pelo *Humanité*: "o PC é um partido da ordem".

De qualquer forma, o importante é que os estudantes se sentiram unidos aos operários. Manifestações partem da Sorbonne até as principais usinas, Billancourt, Cléons ou Renault, e apesar dos delegados sindicais que procuraram impedir os contatos, as conversações se engajam. Em muitos casos, os jovens operários se sentem próximos dos estudantes. Há uma troca incessante entre as fábricas em greve, ocupadas pelos operários grevistas, e a Sorbonne em greve, ocupada pelos estudantes. Em muitos casos os estudantes organizam circuitos de provisões para os grevistas. A atitude dos estudantes será aprovada pela CFDT sob o olhar desconfiado da CGT e do PC.

A greve geral paralisa a França completamente. A CGT se esforça para decantar, separar, isolar a "realista reivindicação salarial" da "utópica, brumosa e provocadora" aspiração autogestionária. Que se recorde que a autogestão permanece condenada por todos os PCs com exceção do iugoslavo. Mas a unidade obscura se dá por uma contestação da autoridade no interior das empresas e da sociedade. A paralisação dessa dinâmica iria transportar tudo para o terreno das reivindicações salariais. Edgar Morin chama a atenção para o fato de que permaneceram dois pólos no movimento de Maio: de um lado o "movimento 22 de Março", o da *intelligentzia* estudantil que contesta a civilização do bem-estar e do consumo, mas por tê-la vivido parcialmente, e de outro a massa assalariada que gostaria, antes de tê-la ultrapassado, de entrar nesta civilização. "É assim que em Maio de 68 a CGT se opõe ao *22 de Março*, cada um ocupando dois pólos da situação efervescente: o *22 de Março*, o pólo soviético gestionário, a CGT, o pólo reivindicativo-salarial, cada qual ocupando uma das duas consciências da dupla consciência operária, uma despertando através dos jovens trabalhadores 'não integrados', outro estimulado pela perspectiva de aproveitar a carência do poder para obter ganhos im-

Paris 1968: As Barricadas do Desejo

previstos." Se a ação do PC responde às necessidades materiais de largas camadas operárias, sua "mitologia revolucionária" precisa também ser satisfeita. "O proletariado foi classe revolucionária, diz Jean-Marc Coudray, não porque Marx lhe assinalou este papel, mas por sua situação real na produção, na economia, na sociedade em geral. O capitalismo impõe ao trabalhador: a transformação do trabalhador em objeto, a destruição do sentido do trabalho na produção; miséria material, desemprego periódico, na economia; exclusão da vida política e da cultura, na sociedade."

Foi em função deste panorama geral que a paralisação de 10 milhões surpreendeu não só o poder mas também a Federação de esquerda e o PC, "testemunhas mudas, impotentes, ignorados da torrente de Maio que se desencadeava fora deles e contra eles (...). A esquerda oficial, diz Morin, só se deixará levar pelo movimento se conseguir freá-lo, canalizá-lo, desviá-lo". E Séguy, secretário da CGT: "O Bureau Confederal e a Comissão administrativa, compostos, como todos sabem, de militantes sérios, bastante responsáveis, não têm o hábito de deixar passar por realidade o que não passa de desejo. Se os trabalhadores se viram momentaneamente perturbados pela lúgubre bandeira negra da anarquia empunhada histericamente pelos dirigentes dos pretensos 'comitês revolucionários', isto bem cedo lhes serviu para abrir os olhos e enfileirá-los a nosso lado, ao lado dos que, em sua luta, uniram as bandeiras vermelhas dos trabalhadores do mundo e as tricolores da nação e da história revolucionária de nosso povo".

"Não, os dez milhões de operários em greve não reivindicavam o poder para a classe operária e sim melhores condições de vida e de trabalho, e a imensa maioria deles expressou sua adesão à democracia com a palavra de ordem: governo popular."

Foi em meio à greve geral e à ocupação das fábricas entre os dias 15 e 27 de Maio, que as direções sindicais, pegas de surpresa, tentam recuperar o tempo para tomar o controle do movimento e concluir o chamado "acordo de Grenelle". Tratava-se de um acordo entre o governo e o patronato por um lado, os operários de outro. A classe operária estava reivindicando salários, redução do ritmo e do tempo de trabalho para uma semana de 40 horas que havia sido conquistada em 1936 e em seguida perdida, participação ativa na gestão da previdência social, extensão dos poderes dos comitês de empresa, planificação democrática. O PC já estava encaminhando as negociações, pois o governo de De Gaulle e os líderes comunistas franceses estabeleceram um vínculo desde o início da greve. Pompidou, o primeiro-ministro, tinha pleno conhecimento de que não só o PC não estava preparando nenhuma insurreição como, ao contrário, estava fazendo o possível para conter a pressão de suas bases, particularmente dos jovens trabalhadores "contaminados" pelos estudantes revolucionários. O PC revelava-se mais moderado que a tradicional moderada esquerda. E poucas horas depois do discurso de De Gaulle a 24 de maio, começava a enviar apelos às fábricas de Paris e do interior para que cessassem a greve. "Compreensivelmente, os 10 milhões de operários em greve subitamente se tornaram um embaraço maior para os comunistas do que para o regime, porque as greves são eleitoralmente prejudiciais aos partidos operários." Porém, a interdição de Cohn Bendit permanecer na França desencadeia uma nova dinâmica no movimento, dá origem à criação dos comitês de operários e estudantes, e determina a rejeição vigorosa pelos operários dos acordos de Grenelle.

A interdição governamental com relação a Cohn

Paris 1968: As Barricadas do Desejo

Bendit tem como resposta:"Nós somos todos judeus alemães" e "Les frontières, on s'en fout" (As fronteiras que se danem). Uma violenta explosão determina os novos enfrentamentos com a polícia e mais uma vez a Sorbonne se vê transformada em enfermaria que transborda de feridos. A CGT, que na véspera denunciava a manifestação estudantil como provocação, organiza dois desfiles, um na margem direita do Sena e outro na margem esquerda. Este segundo será logo dispersado, pois a CGT teme que os cortejos cruzem com manifestações estudantis.

Do dia 28 a 30 de maio, depois da violenta rejeição dos acordos de Grenelle, as direções sindicais e os "partidos de esquerda" tentam conduzir os problemas ao nível dos acordos políticos, enquanto a decomposição do aparelho governamental atinge o ápice. No dia 30 de maio, o General De Gaulle, que desaparecera durante algumas horas para consultar o General Massu e outros generais sobre o espírito do exército, volta e pronuncia um discurso vigoroso onde estigmatiza aqueles que não deixam os "estudantes estudarem", denuncia o perigo comunista e afirma manter-se no poder. Tal como queria a esquerda, ele dissolve a Assembléia nacional e anuncia eleições. A partir desse instante, a política da esquerda tradicional e a do PC se ancoram inteiramente nesta finalidade: terminar a greve, restabelecer a ordem para preparar "um desenrolar normal das eleições". Os movimentos estudantis protestam veementemente aos gritos de "eleição-traição" e o antiparlamentarismo de índole bakuninista conhece um novo fervor. Ao mesmo tempo uma manifestação prógaulista, a primeira, acontece nos Champs Elysées. A partir do 31, as camadas dominantes se retomam, De Gaulle dissolve a Assembléia e ameaça os grevistas. Comunistas, federados como Mitterrand e gaulistas estão de acordo para desempenhar o jogo eleitoral, enquanto que as direções sindicais procuram concluir o mais depressa possível acordos por categoria. A polícia empreende a recuperação dos locais de trabalho, começando pelos serviços públicos.

A aparição dos "Comitês de Ação Cívica", que defendem o poder contra os estudantes e grevistas, faz surgirem ruídos de uma guerra civil. O movimento estudantil acentua a ação comum com os operários em greve, particularmente nos locais onde a polícia recuperou as fábricas e as empresas ocupadas: Renault, Flins, Peugeot, o centro dos Correios e Telégrafos. Na Flins, o PC denuncia os "comandos Geismar" em um panfleto intitulado: "Derrotemos os provocadores". Diz o documento: "O poder gaullista procura e provoca a desordem. Encontra neste domínio uma ajuda importante entre os grupos esquerdistas, trotskistas, maoístas, anarquistas. Em toda parte onde a greve permitiu aos trabalhadores obter satisfações importantes, entervêm contra a vontade dos trabalhadores para impedir a retomada do trabalho de uma maneira normal. Em todas as partes em que as reivindicações operárias essenciais não foram atendidas, participam ativamente para criar um enfrentamento entre os trabalhadores e a CRS".

Recomeçam os entendimentos para os acordos de Grenelle. A primeira medida é deixar de lado as questões que possam ser centro de desacordo. Um triunvirato se constitui: Séguy do lado operário, P. Huvelin para o patronato, Pompidou pelo governo. Já no primeiro encontro são deixadas de lado questões sobre o salário: este passa de 2,22F a hora para 3F a partir do 1.º de junho, mas o compromisso de que passe para 3,46F em outubro é postergado. Este acordo permitiria um salário mínimo de 600 francos. Quanto à aposentadoria por idade, a aplicação do salário mínimo na agricultura e nos territórios do ultra-

Paris 1968: As Barricadas do Desejo

Deputados gaullistas no Arco do Triunfo em manifestação contra as barricadas. (La France de 68, A. Delale e G. Ragache, Seuil, Paris, 1978, p. 135.)

mar, estes são enviados a "discussões convencionais ulteriores". Quanto à delicada questão da volta às 40 horas de trabalho semanais, o Conselho Nacional do Patronato Francês (CNPF) propõe de 1968 a 1970 uma redução de duas horas para os horários superiores a 48 horas e de uma hora para aqueles compreendidos entre 45 e 48 horas. Séguy diz ser preciso "indicar o princípio do retorno às 40 horas" ao que Descamps, da CFDT, replica aturdido: "no país dos princípios morre-se de fome. O que vamos dizer aos operários?" Outro representante da CGT, Krasucki, intervém dizendo: "é preciso ter por objetivo o retorno às 40 horas, sem fixar uma data, com um regulamento confratual por indústria". A CFDT, pouco depois, calcularia que, no ritmo proposto pelo governo, chegar-se-ia às 40 horas no Serviço Nacional de Estradas de Ferro (SNCF), por exemplo, no ano de 2008!

CONCLUSÃO:
MAIO: REVOLTA OU REVOLUÇÃO?

Aos poucos, os últimos núcleos de resistência vão cedendo até o dia 21 de junho. A direita se reorganiza e se manifesta, com os deputados gaullistas no Arco do Triunfo: "Cohn Bendit para Dachau", "Não ao comunismo totalitário", "Sim à defesa da República", são seus lemas. As últimas manifestações têm como saldo a morte de mais dois operários em Sochaux e de um estudante, Tautin, cujo funeral vai representar o último fôlego do movimento.

No final do mês de maio, De Gaulle já vinha preparando a retomada da situação pelo encontro com o General Massu em Baden-Baden na Alemanha. O General Massu, na qualidade de comandante do corpo expedicionário francês na zona alemã ocupada, deveria assegurar a De Gaulle não apenas a "segurança geral do país" mas também responder a uma questão fundamental: no caso de uma tomada insurrecional do poder pela esquerda, ele estaria pronto a receber o governo legal e conduzir uma luta pela reconquista militar do país? Segundo o semanário de extrema-direita *Minute*, um dos generais presentes ao encontro teria feito uma observação ao presidente, dizendo que o moral do exército estaria ainda melhor se os últimos condenados da OAS fossem anistiados o mais breve possível. De Gaulle começava a temer os reflexos do movimento social no interior do exército, apesar de que a esquerda há muito não desenvolvia nenhum trabalho político no exército (em 1921, quando o PCF foi fundado, uma de suas atuações era no sentido do antimilitarismo, herança por sua vez do anarco-sindicalismo).

Desde a guerra fria, a Segurança Militar vigia rigorosamente os comunistas: possui um fichário completo dos aderentes e simpatizantes do PCF. Mas, desta vez, a Segurança Militar se vê diante da atuação dos grupos de extrema-esquerda, tendo mesmo destacado núcleos trotskistas e maoístas.

Alguns manifestos puderam ser localizados como nos regimentos de Infantaria mecanizado: "Nós, do comitê de ação dos soldados do 153 RIMECA, estacionados em Mutzig, (...) como todos os recrutas, estamos consignados em nossos quartéis. Somos preparados para intervir como forças repressivas. É preciso que os trabalhadores e a juventude saibam que os soldados do contingente JAMAIS ATIRARÃO SOBRE OS OPERÁRIOS. Viva a solidariedade dos trabalhadores, soldados, estudantes e colegiais, viva a democracia operária. Viva a alegria, o amor e o trabalho criativo".

Uma vez assegurado de que estes núcleos eram casos isolados, De Gaulle pode proceder aos encaminhamentos eleitorais. Pouco antes, os últimos condenados da OAS são liberados ou anistiados. Além disso, a direita já voltava às ruas em manifestações cívicas e convocatórias firmes e seguras. Lê-se em uma delas: "Basta! Não queremos mais:

1) milhares de bandeiras vermelhas sobre os monumentos públicos, nos cortejos, nas manifestações, nos anfiteatros; 2) a Internacional cantada de punhos erguidos pelos manifestantes; 3) a bandeira francesa profanada, rasgada, queimada nas praças públicas, transformada em farrapos ignóbeis, o túmulo do Soldado Desconhecido manchado; a anarquia que se instala na Universidade transformada em cloaca, o CNRS em revolução cultural, as greves rotativas, o Odéon transformado em depósito, os afrescos da Sorbonne recobertos por inscrições. Por mais Leis, mais autoridade". No dia 13 de junho, o ministro do Interior, valendo-se de uma lei da Frente Popular contra as milícias fascistas armadas e paramilitares, proíbe os grupúsculos de existência. Nem a União dos Estudantes Comunistas, ortodoxa, nem o grupo *Occident*, de extrema-direita, são atingidos por essa medida.

Até meados de julho, alguns centros grevistas resistem, como nas Ardennes da Fumay. Mas a 13 de julho o diretor da empresa decreta a demissão coletiva. Até o final do ano, alguns ecos se encontram pela França, como a ocupação da faculdade de Ciências de Grenoble. Mas a primavera já chegara ao fim. A CGT apresenta um relatório a 13 de junho sobre os acontecimentos: "Lamentamos sinceramente que os dirigentes da UNEF, ou melhor, alguns elementos dentre eles, tenham de algum modo dado hospitalidade e oferecido tribuna, dentro de uma organização sindical de estudantes, a tudo que nosso país comporta de esquerdistas, anarquistas, pró-chineses e outros criadores de motins, que era absolutamente indispensável combater (...)".

"À diferença de alguns de nossos aliados, tais como os da CFDT, que, por uma espécie de oportunismo às avessas, deram provas de complacência para o esquerdismo, acreditando daí obter uma vantagem imediata, nós a ele nos opusemos frontalmente, sabendo que, mais cedo ou mais tarde, o que há de generoso, sincero e autenticamente revolucionário no movimento estudantil será, no final das contas, reconhecido a nós."

Para o PC, a classe operária era reivindicativa em Maio de 68 e apenas episodicamente levantou palavras de ordem política. Quanto aos estudantes, poderíamos dizer que se tratava do oposto: o movimento de 68 era político antes de ser universitário. Durante toda a fase ativa da luta não se encontra rastro de uma ação reivindicativa. Pelo contrário, a maior parte dos grupos revolucionários estudantis ignoraram a ação sindical. A insurreição estudantil fez entrar em cena uma massa politicamente desorganizada mas animada de extrema combatividade. Os combates do Quartier Latin podem não ter criado uma situação revolucionária, como também não *provocaram* as ocupações de fábricas e a greve de 10 milhões de trabalhadores. Mas "os combates *revelaram* sua possibilidade objetiva e foram o detonador da decisão subjetiva". "Neste sentido, diz Kravetz, o amadurecimento interno da luta dos estudantes, esta passagem à consciência revolucionária que conduziu à noite das barricadas, são ao mesmo tempo os 'parteiros da história' e os produtos de uma situação objetiva que de fato permitiu uma progressão muito rápida da luta."

A pergunta "quem começou o quê?" perde sentido. Para que o movimento estudantil servisse de indicador, era preciso que houvesse algo a revelar e alguém para se servir dele: "O que se passou na França, diz ainda o autor, não foi possível na Alemanha onde, no entanto, o movimento estudantil revolucionário era centenas de vezes melhor organizado que na França". Segundo ele, na Alemanha, qualquer movimento de vulto necessita do concurso das organizações operárias representantes de uma longa

Paris 1968: As Barricadas do Desejo **85**

tradição de lutas operárias: "A força *autônoma* do movimento operário francês e seu alto nível de consciência política não possuem hoje equivalente na Alemanha. Somente esta força e este nível de consciência permitiram à revolta estudantil a ultrapassagem na direção de uma exigência revolucionária que não poderia mais, desde então, se encarnar na luta de classes". É importante não desconhecer que apenas a presença de um forte movimento operário, rico de tradições revolucionárias, permitiu o desenvolvimento revolucionário de toda a luta, inclusive a insurreição estudantil, de 3 a 10 de maio. Segundo Kravetz, ignorá-lo seria "confundir a estratégia parlamentar de uma direção com a dinâmica real da educação e de organização do movimento operário". O movimento de Maio teria, pois, revelado uma situação revolucionária em ruptura com os métodos "stalinistas" de direção e de discussão: "aquilo que nenhum estado-maior foi capaz de prever nem de organizar, os próprios militantes, com ou sem 'passado político', precisaram inventar cotidianamente, por vezes, hora por hora. Espontaneidade? Não: liberdade de discussão, recusa de uma hegemonia ideológica, confronto entre idéias e estratégias possíveis, crítica permanente". Ainda segundo ele, Maio de 68 mostrou que a revolução socialista em um país fortemente industrializado tornou-se uma questão real: "ninguém poderá hoje decidir as formas que ela tomará, se ela é possível e em que condições".

As análises sobre o Maio francês são múltiplas. Recentemente declarou Daniel Cohn Bendit a esse respeito: "em toda a França a explosão de Maio foi o resultado do abismo existente entre, por um lado, o gaullismo e o PCF stalinista (com sua hegemonia sobre a classe operária) e, por outro, uma geração que já não se reconhecia em absoluto naquelas duas forças (...). Hoje estamos mais próximos do que representou Maio de 68 do que em 1969. Em 68 se dizia: os velhos esquemas não funcionam mais. Em 1969 se produziu a reaparição de tais esquemas, o segundo nascimento do leninismo. Foram necessários mais cinco anos para demonstrar, outra vez, que o leninismo não é a solução mais adequada a uma sociedade avançada no final do século XX".

Já Krivine, líder da JCR trotskista de 1968, diz que em suas origens o movimento de Maio representou uma contestação estudantil e de intelectuais, mas rapidamente implicou operários, convertendo-se em um protesto libertário, "confuso, mas global, contra a sociedade". Para ele, o determinante não foi o movimento estudantil, mas a greve geral. E o Maio francês teria ensinado temas completamente novos ao movimento operário francês, como o controle operário, o distanciamento da burocracia, a autogestão, a democracia operária (que obrigou o PCF a afastar-se da URSS), as novas formas de luta, os comitês de greve: "se nos fixarmos na própria natureza das reivindicações mais avançadas, vemos que hoje já não se limitam a ser petições de aumentos salariais, mas exigem mudanças na qualidade de vida".

Quanto a Geismar, líder maoísta, este nos diz que o ano de 1968 colocou entre parênteses o conceito de "luta de classes", se por esta expressão se entende que existem duas classes fundamentais na sociedade: a burguesia e o proletariado. Deste ponto de vista, todos os demais estariam na rubrica pequena-burguesia, espécie de modelo universal. Para ele, os protagonistas de 68 foram aqueles que do ponto de vista da luta de classes são secundários — os estudantes, os intelectuais, os jovens: "a partir daquele momento, diz ele, a luta de classes deixou de ser a única chave para interpretar a história". Para ele, o Maio de 68 provocou mudanças substanciais que são evidentes na vida cotidiana: "mudou o modo de vida individual de milhares

Paris 1968: As Barricadas do Desejo **87**

de pessoas, muitas das quais nem são conscientes disso. Inclusive os reacionários hostis ao 68 usam e transmitem em seus discursos cotidianos conceitos que há dez anos teriam sido impensáveis. O próprio Giscard, mal acaba de ser eleito em 1974, vai às prisões apertar as mãos dos presos, nomeia um encarregado da condição feminina, outro para o estudo da droga".

As formas organizativas do movimento apresentaram, para Geismar, uma forte aproximação da "democracia direta", que no entanto teria sido sepultada por uma espécie de desejo de "legitimidade histórica"; seria preciso revesti-las das formas tradicionais do vanguardismo leninista, o que seria "mais eficaz" para o movimento. "Mas, na verdade, continua Geismar, buscávamos uma legitimidade histórica que nos permitisse dizer: nós, e não os traidores do PCF e do PS, somos os verdadeiros bolcheviques, os verdadeiros leninistas, os verdadeiros maoístas; vamos recolher a bandeira que os traidores jogaram fora, sejamos os herdeiros de todas as revoluções: a de 1789, a da Comuna, a revolução de Outubro, a revolução chinesa. Quando alguém se sente herdeiro de uma revolução, herda inevitavelmente suas formas de organização. Esta foi uma das causas principais da perversão da democracia direta que o movimento havia adotado em seu início".

O Maio de 68, nos seus infinitos perfis, teria deixado uma imagem nítida no que se refere à "vanguarda revolucionária"; para alguns autores, não só o proletariado industrial não esteve à frente do movimento, mas representou uma forte e pesada retaguarda: "Se o movimento estudantil, diz Coudray, partiu efetivamente para o assalto ao céu, o que pôs por terra a sociedade nesta ocasião foi a atitude do proletariado, sua passividade com relação a suas direções e ao regime, sua inércia, sua indiferença com relação a tudo o que não são reivindicações econômicas. Se o relógio da história devesse parar nesta hora, seria necessário dizer que em Maio de 68 a camada mais conservadora, a mais mistificada, a mais tomada na rede e no engodo do capitalismo burocrático moderno foi a classe operária e mais particularmente sua fração que segue o PCF e a CGT". Deste ponto de vista, em 68 a classe operária estaria disposta apenas a melhorar sua condição de vida na sociedade de consumo, e mesmo este caminho não poderia ser tomado e realizado por sua atividade autônoma: "Os operários entraram em greve, mas deixaram às organizações tradicionais a direção, a definição dos objetivos, a escolha dos métodos de ação. Obviamente estes métodos se tornaram métodos da inação. Quando a história dos acontecimentos for escrita, se descobrirá que nesta ou naquela empresa, nesta ou naquela província houve uma tentativa de um setor operário para ir mais longe. Mas a imagem maciça, sociológica, é nítida e certa: os operários não estiveram nem mesmo fisicamente presentes". Para o autor, alguns dias após o início das greves, a ocupação das fábricas perverteu seu sentido originariamente transgressor: a burocracia sindical conseguira limitá-lo e impedir a contaminação estudantil. Que se recorde que, apesar das ocupações de fábricas em cadeia por todo o país terem alguma analogia com a ocupação das faculdades, a diferença fundamental se encontra no fato de que a classe operária estava enquadrada por potentes sindicatos, em primeiro plano pela CGT que, "símbolo gritante, diz Morin, aferrolha as portas da Renault contra a fraternização estudantil que até lá se dirigira, recusando o cordão umbilical Sorbonne e Billancourt". A ocupação das fábricas se teria tornado, na maioria dos casos, ocupação pelos quadros e militantes do PC e CGT. Tudo isto não muda nada no fato de que milhares de jovens trabalhadores, enquanto indivíduos, uniram-se aos estudantes e tiveram uma atitude diferente. Mas ela também não muda nada com a rejeição pelos operários dos acordos de Grenelle, pois estes eram no plano econômico uma simples enganação e "por mais que os operários estejam mistificados, ainda sabem fazer somas e subtrações". E mais: as primeiras preocupações dos locais pela polícia, a partir do dia 31 de maio, só raramente encontraram uma resistência qualquer. Para Coudray, "se os operários tivessem demonstrado um décimo da atividade autônoma que os estudantes demonstraram, os aparelhos burocráticos teriam voado pelos ares". Estes aparelhos teriam teleguiado o movimento a aceitar por fim os acordos de Grenelle. E as analogias com as conquistas de 1936 seriam falsificação. Em 1936 os operários grevistas obtiveram imediatamente a semana de trabalho de 40 horas e duas semanas de férias pagas, direitos sindicais consideráveis e um aumento considerável efetivo dos salários. Em 1968 "nenhuma mentira, nenhum sofisma de Séguy fará esquecer que ele se apresentou diante de trabalhadores para fazê-los aceitar puras e simples promessas sobre todos os pontos da negociação, e, à parte 7% dos assalariados, o crescimento de salário foi de fato negativo. Ora, cada ano, sem greve, as taxas de salário aumentam na França em uma média de 6% segundo as estatísticas oficiais. "Ter-se-ia, pois, feito uma greve geral de 15 dias para obter uma vantagem de 1 a 2%. Nem mesmo isso. Pois o não-pagamento dos dias de greve torna esta margem negativa (uma quinzena não paga diminui em 4% o salário anual) (...). Sem falar da alta imaginária dos preços à qual procederá o patronato sob o pretexto da alta imaginária dos salários. Sem falar no 'aumento da produtividade', quer dizer, da aceleração das cadências de que proclamam os patrões, e a respeito do que Séguy não deixou passar nenhuma palavra do início ao fim da greve."

Porém, a recusa em um primeiro momento dos acordos de Grenelle, que forçara o governo francês a algumas concessões reais, determina, apesar de seu curto espaço de duração, um vazio político na sociedade francesa e cria um fenômeno histórico original: a "dualidade de não poder". De um lado, o governo no ápice de sua decomposição. Do outro lado, uma esquerda incapaz de propor outra coisa a não ser acordos governamentais e uma imagem de "esquerda unida". Porém, sempre segundo Coudray, a condição deste vazio era a inércia total dos operários e assalariados que "prosseguiam a maior greve jamais registrada na história de nenhum país como uma simples greve reivindicativa, recusando-se a ver que uma greve de tal amplitude coloca na ordem do dia a questão do poder, da organização e mesmo da sobrevida da sociedade, que ela não poderia prosseguir a não ser tornando-se greve gestionária — e só se limitou a apoiar a vaga palavra de ordem 'governo popular', quer dizer, a recolocação dos negócios entre as mãos dos 'burocratas de esquerda'". Estas observações desconsideram que a greve nas grandes empresas não permaneceu, no entanto, sob o controle dos sindicatos. A recusa do acordo de Grenelle foi a prova taxativa do transbordamento do aparelho sindical. Deve-se concluir que o movimento revolucionário foi entravado por uma burocracia sindical que o impediu de sê-lo abertamente? Essa afirmativa não se sustenta, diz Touraine: "não se censurou aos acordos de Grenelle não serem revolucionários, mas não serem suficientemente satisfatórios quanto aos pagamentos, se censurou permanecerem muito aquém dos acordos Matignon (1936) que trouxeram por vezes resultados frágeis, mas espetaculares: as férias pagas, a semana de 40 horas, a criação de delegados nas oficinas".

Paris 1968: As Barricadas do Desejo **91**

O final do mês de maio já deixa entrever sinais de "degenerescência" do movimento. A França "pequeno-burguesa, nacionalista e reacionária", cuja existência havia sido esquecida nas semanas precedentes, se retoma e reaparece nos Champs Elysées. Quanto ao Quartier Latin, novos *maîtres à penser* começam a aparecer; o "terrorismo cultural" procura se instalar em toda parte onde o fôlego falha: "Os rígidos marxistas-leninistas proclamam a lei de Althusser (teórico do PCF); o marxismo liberador se converte em marxismo arrogante e intimidador; os Poujade (extremismo de direita) do intelecto se põem a berrar bem forte; as palavras *revolução* e *classe operária* voltam a ser palavras-maná, palavras-tabu; os situacionistas se voltam para agressões físicas, que acreditam serem poéticas; os pintores, atores, diretores, escritores e estudantes das artes e letras refazem de forma rápida e caricatural o círculo bem conhecido que vai da pesquisa de uma arte proletária e que culmina em alguns dogmas intimidantes, seja sobre a arte a serviço da revolução, seja sobre a revolução a serviço da arte, seja sobre arte-revolução, seja sobre revolução-arte".

É nesta recaída que a comuna estudantil deixa transparecer sua carência originária: há muito pouco liberalismo em seu libertarismo. Ela crê demais que o liberalismo é burguês: "O fim do movimento deixou ainda se clarificarem outros traços: mesmo nos anarquistas, diz Morin, o sentido libertário não é acompanhado verdadeiramente do sentido liberal que a experiência da verdadeira ditadura dá, nem esta lucidez para distinguir as palavras das coisas que dá a experiência do comunismo de aparelho, nem desta crítica verdadeiramente radical que ousa criticar o marxismo, que é o traço do despertar dos países do Leste".

Se estes traços latentes vêm à luz no declínio do movimento, isso não altera o fato de que o mês de maio foi um mês exemplar. Mesmo que a greve geral e a ocupação das empresas tenha se organizado ao redor de objetivos de caráter tradicional, não se deve esquecer um fato de importância fundamental: "no momento em que os trabalhadores irrompem na cena política, diz Lefort, tomam uma iniciativa cujo alcance excede de longe o campo da reivindicação que os sindicatos circunscrevem. Iniciativa extraordinária, inconcebível algumas semanas antes, nascida da súbita evidência de que as grades do capitalismo têm uma abertura, que vacila a grande Lei que rege, em todos os setores, as atividades de cada um e assinala a cada um seu estatuto e sua função, que a autoridade daqueles que se fazem os sustentáculos da eficácia racional da Lei diante da coletividade é um embuste". O movimento de Maio mostrou que há um momento de "brecha histórica" quando se dissipa a crença na inelutabilidade das regras que garantem o funcionamento da sociedade. Em um instante ficou manifesto que a necessidade de submissão se funda em uma relação de força e que esta relação pode ser invertida. Com isto não se quer dizer que a greve e a ocupação geral das fábricas perturbaram a estrutura da sociedade; mas o fato de que tenham sido possíveis "demonstra a fragilidade do modelo que alguns acreditam invulneráveis: bastaram alguns dias para que se desfizesse o mito da racionalidade do sistema presente e da legitimidade dos detentores do poder". É bem verdade que os operários não conduziram sua luta tão longe quanto os estudantes com suas reivindicações. Os estudantes, porém, não deixaram de esperar que os operários tomassem o primeiro plano de sua revolução: "seu desânimo fica manifesto quando percebem uma primeira vez que a CGT consegue impedir seu acesso às fábricas, e depois que ela consegue organizar a retomada do trabalho. Tanto quanto

Paris 1968: As Barricadas do Desejo **93**

julgam com segurança a política comunista, também ficam desconcertados pelo comportamento da massa dos operários. Eles colocam toda a sua audácia — pelo menos os mais decididos — para apoiar tal ou qual piquete de greve, mas hesitam em reconhecer que, tomada em seu conjunto, a classe operária não pretendeu tomar o poder". Não obstante isso, durante alguns dias, entre os dias 14 e 21 de maio, antes que o Parlamento tomasse a palavra pela primeira vez, tudo permaneceu quieto, o Estado, o governo, a oposição, o PC. Só a CGT falava em nome de milhares de trabalhadores, como se se tratasse de reivindicações ordinárias: "A greve, ela mesma se calava. Tudo se passava como se a política estivesse paralisada, como se o país tivesse se tornado ao mesmo tempo apolítico e entrado em revolução". Morin nos diz: "Foi uma revolução sem rosto que reluziu bruscamente. A greve popular não clama nenhum nome, enquanto que a revolta estudantil, revolta da massa juvenil, encontrara seu rosto-símbolo em Cohn Bendit, o ruivo sem pátria, o democrata da rua, misturando em si o marxismo e o anarquismo, sendo o portador de duas bandeiras, de duas cores — o vermelho e o negro, cuja junção é o símbolo da revolta estudantil; em nenhuma parte em maio de 1968 se ouviu um 'viva Mitterrand' (da Federação Socialista), um 'Viva Guy Mollet': foi apenas no final de maio que se ouviu aqui e lá um 'Viva Mendès-France' (socialista independente), foi no final de maio que a política voltou a funcionar".

O ato criador foi a ocupação, a profanação, a dessacralização da Sorbonne que se espalhou pelas universidades das províncias a setores inteiros da *intelligentzia*, pesquisa científica, rádio e televisão, cinema e escritores. O ato de ocupar a universidade constituiu uma audácia inédita no mundo da *intelligentzia* e fazia lembrar ao operário o ato que constituiu sua tomada de consciência mais fundamental: "a fábrica aos operários", e que os reunia ao ato emancipador de junho de 1936 — as ocupações de fábricas, escritórios, grandes lojas. "De fato, a ocupação da Sorbonne, diz Morin, efetuava e imitava um ato fundamentalmente operário, o que retornou em bumerangue ao meio operário."

O Maio francês significou uma crise de autoridade generalizada. Já não havia poder, a não ser "o poder repressivo da polícia". Isto também é demonstrado pelo fato de que, passados 12 anos, ainda não se pôde escrever uma história do 68: "Os partidos não foram capazes de uma análise séria, nem mesmo o partido comunista. Quando, durante a greve da Renault, os sindicatos perguntaram aos operários a razão pela qual estavam em greve, estes responderam que não sabiam, que só queriam parar de trabalhar. Naquele momento o importante não era querer algo, mas sim recusar algo". Mesmo que a desobediência civil, esse suspense histórico, tenha sido confiscada pelas eleições que se seguiram, isso não altera a questão de fundo que se colocou, pois a burguesia necessariamente vence as eleições que ela organiza: "depois das eleições de maio de 1869, em 280 deputados, Napoleão III se fazia senhor de 2/3, o suficiente para tratar com aspereza os raros clarividentes que falavam em reformas, e para escrever que ele não cederia diante dos movimentos populares. No ano seguinte, Napoleão III organizava um plebiscito que lhe valeu 7 210 000 sim e 1 530 000 não. Um ano depois, Paris proclamava a Comuna".

Se em 1968 a velha sociedade não morreu, ou melhor, se a nova não chegou a nascer, ele não deixa de ser uma "grande e generosa explosão revolucionária". Jacques Baynac chega mesmo a dizer que, se não se tomou o Poder, foi porque a noite das barricadas deixou de ser dominante: "ela foi aos poucos sendo submergida pela estra-

Paris 1968: As Barricadas do Desejo **95**

tégia tradicional das revoluções do capital, estratégias de conquista do território, de conquista do Poder (...), estratégias fundadas sobre a penúria (...) e de que o leninismo é o arquétipo".

O Maio de 68 foi uma "brecha histórica" e um acontecimento extraordinário, pois colocou em suspenso uma sociedade que se pensava de maneira orgânica e sem fissuras; ensinou que uma revolução não nasce apenas sob o efeito de um conflito interno entre opressores e oprimidos, "mas advém no momento em que, diz Lefort, se apaga a transcendência do poder, no momento em que se anula sua eficácia simbólica". Tocqueville e Quinet encontraram duas fórmulas para se referir à Revolução Francesa: o primeiro dizia que ela inaugurou o "culto do impossível", com o que apontava para a evasão no imaginário; o segundo, que ela fez nascer "a fé no impossível", com o que entendia que a negação daquilo que se supõe ser o real é constitutivo da história da sociedade moderna.

Na luta, nas barricadas e fábricas ocupadas, ficou claro que "não basta a existência de grandes (e lentos) partidos operários; é preciso sim que a Imaginação tome o Poder". Talvez nesse sentido os revolucionários da Comuna, quando conclamados por Thiers, chefe do governo, a respeito do que queriam, responderam: "Tudo". E com o mesmo vigor, o Maio de 68 eternizou em seus muros: "Soyons réalistes, demandons l'impossible" (Sejamos realistas, que se peça o impossível).

INDICAÇÕES PARA LEITURA

Alain Touraine, *Le Mouvement de Mai ou le Communisme Utopique*, Ed. Du Seuil — Trata-se de uma obra onde poderão ser encontrados elementos para reflexão sobre a crise de Maio, não como uma recusa da sociedade industrial e de sua cultura, mas como a revelação de contradições e conflitos sociais existentes no interior desta sociedade.

Combats Étudiants dans le Monde, Ed. du Seuil — O livro aborda o conjunto dos "movimentos estudantis" no mundo em 1968, bem como reúne informações e documentos recolhidos no calor da hora.

Edgar Morin, Claude Lefort, J. M. Coudray, *Mai 1968 — La Brèche* — O livro reúne artigos dos autores em questão e considera o Movimento de Maio em toda sua originalidade, salientando a constituição simbólica do Poder e os abalos que este sofreu em 1968. Edgar Morin fala da "comuna estudantil" destacando sua dimensão de "jogo" e de "prazer" que constituiu sua originalidade em relação aos movimentos revolucionários tradicionais. Recria no decorrer do artigo algumas das milhares de proposições que os estudantes trouxeram à luz sobre as relações professores-alunos, estrutura e gestão da universidade, a sexualidade etc. Morin mostra como muito desta "Utopia Universitária" se perdeu pela incapacidade de serem gravadas as discussões em que ocorreram. Já Lefort trata da "desordem nova", perguntando-se a respeito do que havia de novo na ação empreendida em Nanterre e por que a Universidade foi este lugar de onde a contestação pôde se propagar pelo resto da sociedade. J. M. Coudray fala da "revolução antecipada" que conjugou todos os movimentos revolucionários que "aspiraram pela negação do Poder", as ambigüidades e descaminhos da classe operária — sujeito da História — e a necessidade de pensá-la em uma conjuntura em que as categorias marxistas necessitam uma reformulação. Mostra até que ponto a classe operária em 1968, apesar da greve geral, esteve pouco presente.

"Le Mouvement Ouvrier en 1968", revista *Sociologie du Travail*, 3/70, julho-setembro — A revista vem preencher um espaço vazio: muitos estudos sobre 1968 colocaram em primeiro plano o movimento estudantil; em seguida surgiram estudos sobre os acontecimentos políticos e a crise das instituições. A revista trata do movimento de Maio nas fábricas e empresas, o que permite o confronto com as demais visões do movimento. Da análise das greves decorre também a originalidade de sua constituição: segundo um dos autores, as teses revolucionárias do Maio francês consistiram em recusar a distinção entre estratégia e objetivos do Movimento. Os objetivos se constituíam na própria dinâmica da paralisação.

Alexander Werth, *De Gaulle*, Civilização Brasileira — O autor mostra a trama na qual desponta e toma corpo a figura do estadista francês cuja personagem foi determinante na eclosão do Maio de 1968. Ele expressava o tipo de Governo autoritário que os franceses ainda estariam dispostos a acolher em cada ameaça de desintegração política. O autor faz a biografia de De Gaulle mostrando o porquê deste carisma: político que fora colonialista e anticolonialista, fora também um defensor da aliança americana e igualmente opositor da influência americana na Europa. Foi violentamente anti-russo em 1947 e nitidamente pró-Rússia em 1965 etc.

Maurice Joyeux, *L'Anarchie et la Revolte de la Jeunesse*, Casterman — O estudo mostra de que maneira os movimentos estudantis constituem uma espécie de heresia política na sociedade contemporânea. Realiza ao mesmo tempo um histórico e uma análise do movimento anarquista a partir de 1945. Mas a grande contribuição do autor se encontra no fato de iluminar os movimentos literários pelo Maio francês. Reflete em torno da questão do súbito ressurgimento das teorias anarquistas e da atração que exerceram sobre a juventude.

Revista *El Viejo Topo*, n.º 20 — Interessante por conter diversas entrevistas com as figuras significativas de Maio: Cohn Bendit, Krivine, Geismar, e ainda participantes e ativistas do movimento estudantil alemão, italiano e americano.

Marcuse, *An Essay on Liberation*, Beacon Press — Livro que guarda um especial interesse pelo fato de ter sido escrito antes do Maio francês e, no entanto, contém todo o *éthos* do Movimento: o questionamento da "tolerância repressiva" das sociedades modernas, a integração acrítica do proletariado à sociedade unidimensional, a "grande recusa" da juventude e a "nova sensibilidade" ética, estética e política de que é portadora.

BIBLIOGRAFIA

Baudrillard, Jean, *L'Echange Symbolique et la Mort*, Gallimard, 1976.
Benjamin, Walter, *Poésie et Revolution*, Denoel, 1971.
Combats Étudiants dans le Monde, Ed. du Seuil, 1968.
De la Misére en Milieu Étudiant, Paris, Camp Libre, 1976.
El Viejo Topo, Barcelona, Iniciativas Editoriales, 1978.
Feuer, Lewis, *El Cuestionamiento Estudiantil del Establishment, en los Paises Capitalistas y Socialistas*, Buenos Aires, Paidos, 1969.
Hermann, Kai, *Los Estudiantes en Rebeldía*, México, Bolsillo, RIALP, 1968.
Joyeux, Maurice, *L'Anarchie et la Revolte de la Jeunesse*, Casterman Poche, 1970.
Lefort, C., *Eléments d'une Critique de la Bureaucratie*, Droz, Geneve, Paris, 1971.
_____ , Morin, E., Coudray, Jean-Marc, *Mai 68: la Brèche,* Fayard, 1968.
Le murs ont la parole, Tchou Editeur.
Les 500 Affiches de Mai 68, Balland, 1978.
L'Insurrection Étudiant, 2-13 Mai 1968 — Esemble Critique et Documentaire, Cours Nouveau, 1968.
Marcuse, Herbert, *An Essays on Liberation*, Boston, Beacon Press, 1969.
_____ , *O Fim da Utopia*, Paz e Terra, 1969.
Quelle Université? Quelle Société?, Ed. du Seuil, 1968.
Revista *Lihe*, n.º 8, Payot.
Revista *Sociologie du Travail — Le Mouvement Ouvrier en Mai 1968*, Ed. du Seuil, 3/70, juillet-septembre.
Touraine, Alain, *Le Mouvement de Mai ou le Communisme Utopique*, Ed. du Seuil, 1968.
Werth, Alexander, *De Gaulle*, Civilização Brasileira, 1967.
Ziegler, Jean, *Sociologie et Contestation*, Idées, 1969.

Sobre a autora

Olgaria C. F. Matos nasceu em Santiago do Chile, em 21 de junho de 1948. É mestre em Filosofia pela Sorbonne, doutora pelo Departamento de Filosofia da USP e professora de Filosofia Política no mesmo departamento. É autora de *Rousseau: Uma arqueologia da desigualdade* (M. G. Editores).

Impressão

Porto Alegre • RS • Fone: (051)341-0455

Com filmes fornecidos